Le contentieux relatif à l'exécution du contrat de travail

Collection JAMA

Dirigée par Jackson Darius MACKIOZY BANSIMBA

Lazare BABINDAMANA BIZI

Le contentieux relatif à l'exécution du contrat de travail

L'Harmattan

Du même auteur chez L'Harmattan

Les conflits dans les relations de travail. Sanctions et calcul des droits liés à la rupture du contrat de travail, 2024

Les fondamentaux de la pratique sociale. Questions et cas pratiques, 2023

Les passerelles dans le monde du travail, 2022

5-7, rue de l'École Polytechnique, 75005 Paris

https://www.editions-harmattan.fr

ISBN : 978-2-336-60828-0
EAN : 9782336608280

AVANT-PROPOS

Ce livre, quatrième ouvrage pratique de l'auteur, praticien du droit du travail et du droit social est une brève présentation du contentieux en matière sociale en instance ou vidé devant le tribunal du travail de Brazzaville ou devant la Cour d'appel de Brazzaville. Il met en exergue les litiges qui opposent les parties au contrat et les solutions réservées par les juridictions compétentes.

La plupart des litiges se résument en termes de licenciement abusif, régulièrement allégués par les salariés. Plusieurs dossiers sont réservés au refus de comparution des chefs d'entreprises aux audiences du tribunal du travail. Le dossier relatif à l'immatriculation de salariés à la Caisse nationale de sécurité sociale revêt une importance majeure en République du Congo.

À travers cet ouvrage, l'auteur se propose d'accompagner les magistrats, les avocats, les chefs d'entreprises, les responsables des ressources humaines, les partenaires sociaux, les étudiants qui doivent s'imprégner de différents concepts inhérents à leurs activités professionnelles.

Les notions développées dans cet ouvrage amèneront les lecteurs à dissiper les zones d'ombre, à éviter les confusions qui sont monnaie courante chez les praticiens du droit du travail, du droit social.

Le droit social est d'essence pratique dans la mesure où il régit le monde professionnel qui n'est pas un domaine théorique, mais pratique.

L'auteur

Requête : du 4 octobre 2021

Dossier n°1 : Refus de prise en charge d'un salarié retraité par la Caisse nationale de sécurité sociale.

Attendu que Monsieur SBA avait attrait, en date du 04 octobre 2021, la société Nouvelle, qui ne l'avait pas payé pendant 56 mois, devant le Tribunal du Travail de Brazzaville, tout en dénonçant l'attitude de la caisse d'assurance qui avait rejeté son dossier de pension pour non-paiement de cotisations sociales ;

Que le paiement des salaires est une obligation légale de l'employeur qui à chaque fin de mois doit procéder au paiement de la rémunération des travailleurs au plus tard le huit (8) du mois prochain (article 88 alinéa 2 du Code du travail) ;

Qu'il a été constaté que plusieurs sociétés en difficulté continuent de garder des salariés qui accomplissent leurs prestations de travail, sans que ne leur soit versée en contrepartie la rémunération mensuelle ;

Que cette attitude des employeurs comporte de graves conséquences dans la vie sociale des salariés, qui en dépit de leur qualité de travailleur actif, vivent dans la précarité ;

Qu'un autre problème se pose pour ce genre d'entreprises, le non-versement des cotisations sociales à la Caisse nationale de sécurité sociale ;

Que curieusement, les responsables de la CNSS ont pris l'option de ne pas enregistrer les travailleurs des sociétés redevables, alors qu'ils sont immatriculés et que des prélèvements sur salaire étaient effectués chaque fin du mois, sans que l'employeur les reverse à la caisse. Ce refus d'enregistrement par la caisse des nouveaux retraités préjudicie gravement les travailleurs sans ressources ; d'où l'interrogation sur le fondement légal de cette pratique en cours à la Caisse nationale de sécurité sociale ;

Que la loi ne prévoit pas le refus de prise en charge ou le rejet des dossiers, par la caisse, des travailleurs régulièrement immatriculés, dont les employeurs sont en défaut de paiement ;

Que la mauvaise gestion de l'entreprise ou l'instabilité économique ayant entrainé l'incapacité pour un chef d'entreprise de verser régulièrement les parts sociales des travailleurs ne devrait pas incomber au salarié ;

Attendu que la juridiction compétente saisie d'une telle affaire devrait condamner l'employeur au paiement des dommages et intérêts pour le préjudice subi par le salarié qui a été affamé pendant 56 mois ;

Qu'il n'y a aucune excuse pour un employeur défaillant qui prive le salarié de ses moyens de subsistance, le salaire étant la contrepartie du travail effectué ;

Que les dommages et intérêts porteraient sur la privation des salaires pendant une longue durée et les retenues non reversées à la Caisse nationale de sécurité sociale, privant par ce fait le salarié de jouir d'une retraite décente ;

Que toutefois, dans le cas d'espèce, l'organisme de sécurité sociale emporte une part de responsabilité en refusant de traiter les dossiers des salariés enregistrés par ses services et dont les cotisations n'ont pas été reversées par l'employeur ;

Que la Caisse devrait régulariser la situation des travailleurs qui se trouvent victimes dans ces cas de figure, en exerçant par la suite une action récursoire auprès de l'employeur ;

Le refus de prise en charge par l'organisme de sécurité sociale des salariés retraités qui ont régulièrement cotisé est une infraction à la loi, une précarisation par la Caisse des conditions sociales des travailleurs ;

Qu'en cas d'insolvabilité de l'entreprise, la Caisse peut engager une action à l'encontre de l'entreprise en demandant la saisie des biens de l'entreprise ou leur vente ;

Que pendant le déroulement de la procédure, les avocats de la Société Nouvelle s'étaient illustrés par plusieurs absences en guise de dilatoire ;

Que les absences répétées des conseils de la partie adverse devraient permettre au juge de constater la mauvaise foi de ces derniers qui lorsqu'ils se sentent cloués par la puissance de l'argumentaire du requérant brillent par la chaise vide, dans la perspective de décourager le requérant.

Requête du 20 décembre 2022

Dossier n°2: Qualification d'un salarié

Attendu que le contrat de travail est la loi des parties dans la mesure où il fixe les tâches assignées au salarié et les modalités de la rémunération ;

Qu'à la conclusion du contrat, la mission pour laquelle un salarié est embauché doit être précisée ; dans ces conditions, tout ajout des tâches, sans le consentement du salarié, devient une modification substantielle du contrat ;

Que tout changement susceptible d'intervenir doit se faire de façon consensuelle par un avenant, vu comme un additif du contrat initial ;

Qu'il arrive des situations où un salarié, embauché pour une qualification déterminée, accomplit sans rechigner des tâches supplémentaires ;

Que madame MAK, embauchée le 04 novembre 2013 en qualité de femme de ménage, a œuvré en même temps en tant que gardienne ;

Que sans motif avéré, cette dernière a saisi la juridiction compétente pour réclamer ses droits légaux et conventionnels, des dommages et intérêts.

Un problème se pose en cas d'adjonction des tâches, quelle qualification faut-il retenir pour un salarié ? D'un point de vue logique, la qualification du salarié est celle qui est indiquée au contrat de travail.

Lorsque le salarié accomplit plusieurs tâches de bonne foi, pendant plusieurs années, sans contester, il ne lui revient pas de se prévaloir de la résiliation de son contrat de travail pour réclamer des rémunérations supplémentaires.

Requête du 22 février 2024

Dossier n°3: **Licenciement après un accident du travail**

Considérant qu'aux termes de l'article 47 du code du travail : l'accident de travail est une cause suspensive du contrat de travail ;

Que les conventions collectives réglementent le domaine des accidents du travail ;

Que lorsque cet évènement intervient, l'employeur est tenu de déclarer l'accident devant les services de la CNSS, dans les 48 heures (article 61 du code de sécurité sociale) ;

Que l'employeur assure les soins de première nécessité, ou se substitue à la caisse en cas de défaillance ;

Que Monsieur NKA, chauffeur de l'Hôtel K, avait été victime d'un accident au lieu de travail ;

Que suite à cet accident, un repos verbal de trois jours lui avait été accordé aux fins de se rendre à la clinique la plus proche de son lieu de résidence, en l'occurrence la clinique Mat qui travaillait en partenariat avec l'Hôtel ;

Que se rendant sur le lieu pour les examens et les soins, après avoir payé les frais de consultation, il avait été porté à la connaissance du salarié victime d'un accident, que l'Hôtel ne versait plus les frais de prestation, ce qui avait rendu impossible la prise en charge au sein de cette clinique ;

Que face à cette situation, il était obligé de changer de clinique et les soins y relatifs ont été supportés à 100% par l'accidenté ;

Que, par rapport aux lésions, le médecin traitant avait prescrit un repos médical de trois mois ;

Que la règlementation pour les accidents ne fixe pas la période de repos qui est confiée à la diligence des médecins traitants;

Que sans terminer le traitement, l'employeur a prononcé le licenciement verbal du salarié en lui payant un montant d'un million soixante-dix-huit mille cent quatre-vingt-neuf francs CFA ;

Que le certificat de travail ne lui était pas délivré ;

Que plus tard après avoir reçu le certificat médical définitif, le salarié a saisi la juridiction compétente pour licenciement abusif et irrégulier en demandant le paiement des dommages et intérêts pour préjudice subi.

Ce dossier offre le spectacle des employeurs qui violent délibérément la règlementation en vigueur en matière de travail et de sécurité sociale ;

Qu'après la survenance de l'accident, si le salarié est immatriculé, la prise en charge doit être assurée par la caisse qui octroie une rente au salarié, mais si l'employeur n'a pas pris le soin d'immatriculer le salarié, ni de le déclarer dans le délai légal, ce dernier supporte la prise en charge médicale et financière de la victime ;

Que le salarié ne peut pas être licencié si le médecin n'a pas prononcé son incapacité totale de travailler ;

Qu'en l'espèce, même si les droits légaux et conventionnels ont été payés, le motif de licenciement n'est pas réel et sérieux ;

Qu'à cet effet, l'employeur devrait être astreint au payement des dommages et intérêts pour licenciement abusif et non délivrance du certificat de travail, au remboursement des frais médicaux supportés par le travailleur ;

Que le payement des droits ne dispense pas l'employeur du paiement des dommages et intérêts.

Dossier n°4 : **Licenciement pour incompétence**

Attendu que le code du travail et les conventions collectives ont prévu, avant un engagement définitif, quelle que soit la nature du contrat, une période d'observation appelée période d'essai ;

Qu'après la période d'essai, en cas d'engagement définitif, un employeur ne serait plus fondé d'évoquer l'incompétence d'un travailleur ;

Que le complexe scolaire Sceau avait recruté un enseignant qui tenait la classe de CE1, d'octobre à décembre 2023 ;

Que contre toute attente, au retour des congés de noël, le 3 janvier 2024, l'enseignant était notifié de son licenciement pour incompétence, alors que les résultats des examens mensuels et trimestriels contredisent la thèse de l'employeur ;

Qu'un tel licenciement est fondé sur un motif fallacieux et subjectif ;

Que dans pareil cas, l'employeur serait tenu de verser au salarié, toutes les sommes qu'il aurait dû percevoir comme s'il avait travaillé jusqu'à la fin de l'année scolaire, aux termes de l'article 37-4 du code du travail ;

Que plusieurs promoteurs d'écoles, certainement en méconnaissance de la loi, ne mesurent pas la gravité des lourdes sanctions qu'ils infligent à leurs salariés. En effet, la juridiction compétente ne saurait que confirmer les prescrits de la loi dans son entièreté.

Dossier n°5 : **Licenciement abusif**

Attendu que plusieurs employeurs ne respectent pas les tâches convenues à la conclusion des contrats ;

Qu'ils imposent des tâches supplémentaires aux salariés, qui en cas de contestation deviennent les bêtes noires des chefs d'entreprises ;

Que Dame NGOU avait été mise à disposition par une entreprise de travail temporaire, en qualité de technicienne de surface, dont les tâches se limitaient à la lessive, au repassage d'habits, au nettoyage des chambres ;

Qu'à l'arrivée de la nouvelle cheffe du personnel de la société utilisatrice, les tâches de la salariée ont augmenté en volume, contrairement aux tâches définies au contrat de mission prévu à l'article 73-4 du code du travail ;

Que la salariée avait accepté d'accomplir malgré elle, les nouvelles tâches qui lui étaient imposées ;

Que contre toute attente, le 13 octobre 2023, elle a été surprise de recevoir une lettre relative à la remise à disposition émanant du responsable des ressources humaines de son employeur ;

Que cette dernière était contrainte de rester à la maison, car l'employeur ne l'avait pas redéployée, se voyant contrainte de saisir la juridiction compétente pour réclamer le paiement :

- des droits légaux et conventionnels ;
- des dommages et intérêts pour licenciement abusif ;
- des dommages et intérêts pour non immatriculation à la CNSS.
- des dommages et intérêts pour non remise du certificat de travail ;

Que le tribunal du travail avait donné une suite favorable à toutes les demandes de la salariée, en réduisant les montants.

Observations :

La salariée n'était pas immatriculée à la Caisse nationale de sécurité sociale (CNSS), aucun prélèvement n'était fait sur son salaire. Dans ce cas, il revient au service de la CNSS d'infliger les pénalités pour non-exécution de l'obligation de faire qui pèse sur l'employeur, à savoir : l'immatriculation du travailleur.

La loi donne la possibilité à tout salarié de s'immatriculer volontairement, d'où l'interrogation du préjudice subi par un salarié qui n'a pas eu le réflexe de s'inscrire à la CNSS, lorsque l'employeur n'a pas accompli cette formalité, et lui payait l'intégralité de son salaire ;

Dans ce cas de figure, la responsabilité de la non-immatriculation est partagée. C'est donc à tort que le tribunal du travail alloue des sommes d'argent aux travailleurs dont les salaires n'ont pas subi de prélèvement au titre de la CNSS.

Si les services de la CNSS n'ont pas bien fait leur travail qui consiste à obliger les employeurs récalcitrants à immatriculer les travailleurs, le bénéfice de ces manquements ne peut pas revenir aux salariés.

Dossier n°6: Licenciement abusif

Attendu que le code du travail de la République du Congo dispose que tout licenciement doit être notifié préalablement à l'intéressé. Que la lettre de licenciement indique expressément le motif;

Qu'il avait été reproché à monsieur PO d'avoir détourné les clients de l'hôtel vers une autre structure hôtelière ;

Que ces allégations de l'employeur n'avaient pas été soutenues par une preuve matérielle ;

Que le salarié n'a pas reconnu les faits qui lui sont reprochés ;

Qu'il avait saisi la Direction départementale du travail, qui avait recommandé à l'employeur de faire droit au salarié licencié sans motif réel et sérieux ;

Que les parties ne se sont pas accordées devant les services de la Direction départementale du travail, amenant par ce fait le salarié à saisir le tribunal du travail ;

Que le conseil de l'employeur dans son argumentaire a dénié la qualité de salarié à monsieur PO, parce qu'il n'avait pas déposé le contrat de travail dans le dossier ;

Que le juge social n'a pas suivi le raisonnement de la partie employeur, car le dossier comportait un certificat de travail, et un procès-verbal de non-conciliation délivré par l'inspecteur du travail ;

Que ces éléments du dossier suffisaient pour écarter les tergiversations du conseil de l'employeur, d'autant que l'article 27 du code du travail, dispose que la preuve de l'existence d'un contrat du travail peut se faire par tout moyen ;

Que l'absence d'un contrat écrit ne saurait être un élément déterminant pour refuser la qualité de salarié à quelqu'un qui a effectivement travaillé dans une structure professionnelle ;

Que la juridiction compétente a condamné la partie employeur à payer au salarié licencié sans motif probant les droits légaux et conventionnels.

Dossier n°7 : **Licenciement abusif**

Attendu que certains employeurs prennent les personnes qui travaillent pour leur compte, pour des bêtes de somme à qui aucune considération n'est due ;

Que le monde professionnel est réglementé ;

Que tout comportement fautif doit être sanctionné en vertu des prescrits de la loi ; notamment le règlement intérieur ;

Que le responsable de la société J, avait causé des dommages physiques à Monsieur NKOU embauché en qualité de manœuvre ;

Que ce dernier œuvrait déjà dans la société depuis cinq (05) mois ;

Que l'employeur l'a brutalisé en lui assenant un coup de marteau, tout en lui demandant par la suite de ne plus se présenter à la société ;

Que le tribunal a établi l'existence d'un contrat de travail verbal ;

Que l'employeur ne s'est pas présenté aux audiences ; en vertu de l'article 224 alinéa 2 du code du travail, le dossier a été jugé sur le mérite de la demande ;

Que l'employeur a été condamné au paiement des droits légaux et conventionnels.

Ce dossier met en exergue le comportement de certains employeurs qui œuvrent au mépris des obligations légales qui s'imposent à eux. Ils se proposent d'engager les salariés sans s'entourer au préalable des précautions juridiques pour le bon fonctionnement de leurs activités.

Le juge devrait sévir avec plus de sévérité ces employeurs qui se moquent de la justice.

Dossier n°8 : **Licenciement abusif**

Attendu que le règlement intérieur est la charte de l'entreprise qui oriente l'employeur dans l'exercice de son pouvoir disciplinaire ;

Que ce dernier est tenu de s'y conformer dans la mesure où il est lui-même l'artisan de cet instrument sanctionnateur ;

Qu'une salariée avait été sanctionnée d'une mise à pied de huit (8) jours par la société ST ;

Que l'employée a contesté cette sanction qui s'écartait des prescrits du règlement intérieur où le retard était sanctionné par un blâme ;

Que l'employeur insatisfait de cette réclamation qui s'inscrit dans le droit légitime de la salariée d'assurer sa défense, suite à une sanction arbitraire, a suspendu le contrat en évoquant les motifs des années antérieures, à savoir : retards répétés, insubordination, refus d'obéissance, réduction volontaire de la production, abus de confiance ;

Que cette avalanche de motifs laisse entrevoir une intention manifeste de l'employeur de se séparer de la salariée ;

Que l'article 39 du Code du travail précise : « la lettre de licenciement indique expressément le motif ». Dans la série des griefs reprochés à la salariée, qui alors doit choisir le motif réel du licenciement ?

Que le motif de licenciement reproché à un salarié doit être immédiat, actuel ;

Que l'employeur ne doit pas fouiller les faits qui étaient déjà sanctionnés pour conforter sa décision ;

Qu'une décision de licenciement qui ne s'appuie pas sur un motif réel et sérieux entraine l'abus de licenciement ;

Que la juridiction compétente devrait sanctionner les employeurs qui de façon préméditée décident de se séparer des salariés dont la sanction ne correspond pas aux faits qui leur sont reprochés.

TTB : Jugement du 14 juin 2O21

Dossier n°9 :Licenciement abusif

Considérant qu'aux termes de l'article 32, nouveau du Code du travail, « si le contrat arrivé à terme, se poursuit par la volonté même tacite des parties, cette prolongation lui confère le caractère de contrat à durée indéterminée, nonobstant toute clause prohibant la tacite reconduction » ;

Que cinquante et un travailleurs qualifiés tacherons par l'employeur étaient occupés à servir la société nationale pour trois mois ;

Que cette activité s'est poursuivie pendant plusieurs années, à l'issue desquelles l'employeur a mis un terme à leur présence dans l'entreprise ;

Qu'après plusieurs négociations, à la Direction départementale de la société, puis à la Direction générale, l'employeur est resté figé dans sa position ;

Que le personnel lésé a assigné l'entreprise devant la juridiction compétente, par requête du 20 juillet 1998 ;

Que le tribunal du travail s'est prononcé sur cette affaire (OU et autres contre la Société nationale) par un jugement du 14 juin 2001 qui a décidé de la réintégration de tous les membres du collectif des travailleurs au sein du personnel de la Société, tout en ordonnant la régularisation de leur situation administrative et le paiement des dommages intérêts pour préjudice subi ;

Mais attendu que la Société nationale a attaqué en appel la décision du tribunal du travail ;

Que la cour d'appel a confirmé ladite décision.

Cette affaire s'inscrit dans le registre des contentieux suscités par le comportement de certains employeurs publics ou privés qui entretiennent la précarité des emplois.

Certaines entreprises, en dépit du besoin récurent du personnel, préfèrent recourir au statut anodin de temporaire ou de journalier oubliant qu'elles portent atteinte aux droits sociaux de ce personnel ;

Que le plus souvent, malgré la durée du travail, ce personnel est abandonné à lui-même sans sécurité sociale, ni droit à la surveillance médicale.

Les juges devraient redoubler de vigilance à l'égard de ces chefs d'entreprises qui bafouent sciemment les droits des travailleurs.

Sur cette affaire, la cour d'appel qui a confirmé la décision du tribunal du travail s'est inscrite dans le bon droit, celui de servir les justiciables sans détour.

Dossier n°10 : **Licenciement abusif**

Attendu que monsieur SAM avait assigné devant le Tribunal du travail son employeur aux fins de lui verser les droits légaux et conventionnels pour licenciement abusif et des dommages-intérêts ;

Que le salarié a travaillé pendant quinze (15) ans et sept (07) jours pour le compte de son employeur ;

Qu'il avait été licencié verbalement pour avoir contesté la réduction de son salaire à hauteur de 25.000 FCFA sans être consulté ;

Qu'à l'issue de la réclamation, l'employeur lui avait demandé de rester trente (30) jours à la maison et d'apporter sa démission ;

Que le grief porté contre le salarié est de n'avoir pas obéi à son ordre de démissionner ;

Que cette suspension de trente (30) jours était verbale.

Attendu que le salaire a un caractère alimentaire. Aucun salaire ne peut être réduit par la volonté unilatérale de l'employeur sans le consentement du salarié ;

Que le salaire est un droit acquis, un droit inviolable ;

Que la réduction unilatérale du salaire est une modification substantielle du contrat de travail qui ouvre en cas de contentieux juridictionnel droit au salarié, au paiement des droits légaux et conventionnels, ainsi que des dommages-intérêts pour préjudice subi.

Aussi, la législation congolaise ne prévoit pas de suspension verbale, lorsqu'elle intervient, comme dans ce dossier, elle est inopérante, nulle et de nul effet ;

Qu'il est difficile pour un employeur qui a réduit unilatéralement les salaires, suspendu verbalement les contrats, d'échapper aux paiements des droits légaux, conventionnels et des dommages-intérêts.

TTB : Jugement du 5 octobre 2023

Dossier n°11 : Licenciement abusif

Attendu que monsieur NGA a assigné son employeur, la société MC, au paiement des droits légaux et conventionnels, suite à la rupture abusive de son contrat de travail et des dommages et intérêts pour préjudice subi ;

Attendu que Monsieur NGA était engagé le 3 avril 2000 par la société LIT, devenue MC, en qualité d'attaché commercial ;

Qu'il avait été élu délégué du personnel du collège des cadres de la société MC, il est en même temps responsable de la section syndicale ;

Qu'il est un salarié protégé.

Attendu qu'en 2016, l'employeur avait résolu de procéder à son licenciement pour faute lourde, au motif qu'il avait refusé un changement de poste décidé unilatéralement par le chef d'entreprise ;

Que la commission des litiges avait donné un avis défavorable à la sollicitation de l'employeur ;

Que cette situation avait entretenu une tension permanente entre la direction de l'entreprise et les salariés ;

Que la menace permanente de licenciement avait ébranlé l'état de santé du salarié qui est devenu hypertendu ;

Qu'en sa qualité de représentant des travailleurs, monsieur NGA est devenu un salarié gênant, une cible qu'il faut écarter de l'entreprise.

Attendu qu'en date du 14 mars 2020, jusqu'au 13 mars 2021, Monsieur NGA avait bénéficié d'une mise en disponibilité pour convenance personnelle ;

Que la convention collective de télécommunication et des technologies associées, prévoit une période de deux ans renouvelables ;

Que pendant la période de mise en disponibilité, correspondant à la suspension de son contrat de travail, monsieur NGA avait engagé ses services dans une banque pour une durée déterminée ;

Que l'employeur s'est permis de saisir les autorités de la banque, pour concurrence déloyale ;

Que l'employeur avait demandé au salarié de démissionner, alors qu'il était libre vis-à-vis de la société MC pendant cette période ;

Que le salarié a conclu à un harcèlement sans appel ;

Que le harcèlement constitue une violation du règlement intérieur et du code éthique par l'employeur ;

Qu'en date du 26 mai 2021, l'employeur a pris la décision de rompre le contrat de travail de monsieur NGA pour abandon de poste, en dépit de la séparation par mutuel consentement sollicitée par le salarié au regard du climat délétère entretenu par l'employeur à son égard ;

Qu'il a été menacé plusieurs fois de licenciement ;

Qu'à l'issue de son licenciement, les règles élémentaires relatives au licenciement de salarié protégé, n'ont pas été observées par l'employeur ;

Que l'employeur a fait fi de la mise à pied conservatoire prévue à l'article 176 du Code du travail ;

Que cette précipitation dans le licenciement du salarié intervenu en violation des procédures légales, laisse apparaître la préméditation d'un employeur qui ne voulait plus compter monsieur NGA dans ses effectifs,

Que l'abandon de poste évoqué par l'employeur n'est qu'une parade.

Mais le tribunal du travail a écarté l'hypothèse d'un licenciement abusif, car monsieur NGA n'avait pas obtempéré à la mise en demeure qui lui avait été adressée par le chef d'entreprise ;

Que pire encore, à l'échéance de la période de mise en disponibilité, sans pour autant reprendre son travail, monsieur NGA avait sollicité une séparation par mutuel consentement à cause de la méfiance et de l'incompatibilité d'humeurs qui s'étaient installées entre lui et son employeur ;

Qu'après l'observation de la période de mise en disponibilité, certaines conditions doivent être respectées, notamment : reprendre le lien contractuel avec l'employeur avant de formuler une autre demande relative à la poursuite ou non de la prestation de travail ;

Que monsieur NGA avait juste adressé un courrier à l'entreprise sans reprendre le travail ;

Que de ce point de vue, le tribunal du travail avait confirmé l'abandon de poste prononcé par l'employeur pour refuser au requérant le bénéfice des droits légaux et conventionnels.

Mais attendu que monsieur NGA était un salarié protégé ;

Qu'au prononcé de la suspension du contrat et du licenciement, l'employeur s'était servi de l'article 41 alinéa 4, procédure utilisée pour les salariés ordinaires ;

Qu'il n'avait pas saisi la commission des litiges, et la juridiction compétente avait reconnu l'irrégularité du licenciement ;

Qu'en cas d'irrégularité du licenciement intervenu sans observer la procédure prescrite à l'article 176 du code du travail, l'employeur sera astreint au paiement du salaire de base, jusqu'au prononcé du jugement ;

Que le tribunal du travail s'est égaré sur cet aspect, en accordant à monsieur NGA le paiement du salaire de base pendant douze (12) mois, en évoquant la prescription annale, au lieu de rappeler ces salaires depuis la mise à l'écart de monsieur NGA ;

Les salaires de base accordés à un salarié protégé au sens de l'article 176 du Code du travail le sont à titre d'indemnisation, de dommages et intérêts ;

Que les dommages et intérêts ne se prescrivent pas en une année. Cette maladresse du tribunal du travail a poussé le salarié lésé à interjeter appel.

Requête du 26 octobre 2O22

Dossier n°12 : **Licenciement abusif**

Statuant sur la requête introduite par madame NTSI en date du 26 octobre 2022, le juge social a convoqué les parties à comparaître ;

Que Madame NTSI avait été engagée au complexe scolaire évangélique PAM en qualité d'enseignante sans détermination de durée ;

Qu'en 2018, la requérante a bénéficié d'une autorisation de sortie de son employeur pour se rendre à l'étranger pour des soins qui ne pouvaient lui être administrés sur le territoire national ;

Que durant cette période, le contrat de travail de l'intéressée était suspendu conformément aux dispositions de l'article 47 e du code du travail ;

Que son retour au Congo était intervenu trois ans après ;

Que cette dernière a sollicité la reprise de son travail auprès de son employeur qui n'a pas donné une suite favorable à sa demande ;

Qu'en tenant compte du nombre d'années passées au service de l'école (13 ans), son contrat de travail devrait revêtir un caractère à durée indéterminée (article 32-7) ;

Que cependant, la nature indéterminée du contrat qui liait madame NTSI au complexe scolaire évangélique PAM s'inscrit en droite ligne à l'article 32-2-8 du Code du travail de la République du Congo qui dispose qu'il est interdit de conclure les contrats à durée indéterminée dans certains secteurs d'activités à cause de la nature précaire de l'emploi ;

Que c'est dans cette perspective que la requérante n'a pas recueilli un avis favorable du tribunal du travail qui avait prononcé le débouté sur les demandes de la requérante, notamment sa réintégration dans les effectifs de l'école, le caractère abusif du licenciement ou de son irrégularité ;

Que même dans le cas de figure où l'on se retrouverait devant un contrat à durée indéterminée, la suspension a une durée limitée de six (06) mois ;

Que celle-ci a passé trois (03) ans sans travailler ;

Qu'aux termes de la réglementation en vigueur en République du Congo, les contrats scolaires doivent être conclus d'année en année.

Requête du 5 janvier 2023

Dossier n°13 : **Licenciement abusif**

Considérant que madame MIA a été embauchée par la boulangerie SA en qualité de caissière à la 4ème catégorie de la convention collective des boulangeries, du 1er novembre 2021 au 09 décembre 2022 ;

Qu'elle a bénéficié de ses congés administratifs une fois ;

Qu'à son retour, elle a été surprise de recevoir une notification qui lui demandait d'interrompre son travail à la boulangerie ;

Que seul le certificat de travail lui a été présenté avec une mention « départ d'un commun accord », alors qu'il n'y avait jamais eu une transaction entre les parties ;

Que la rupture de son contrat était préméditée, que l'employée ne se reprochait de rien ;

Attendu que les licenciements prémédités ont des lourdes conséquences pour l'employeur ;

Que ces licenciements sont régis par l'article 42 du Code du travail de la république du Congo ;

Que dans ces conditions, la juridiction compétente condamne l'employeur à payer les droits légaux et conventionnels à la salariée qui subit la charge de la mauvaise foi de l'employeur ;

Qu'en sus des droits légaux et conventionnels, l'employeur est astreint au paiement des dommages et intérêts ;

Que dans la réalité, le chef d'entreprise pour masquer sa mauvaise foi invente des justificatifs. D'où la perspicacité des juges pour dénicher les artifices des employeurs malveillants.

Dossier n°14 : **Licenciement abusif**

Sur le fondement de l'article 42 du code du travail de la République du Congo ; est réputé abusif, tout licenciement fondé sur un motif non légitime ;

Que le motif non légitime englobe tout artifice de l'employeur visant à écarter le salarié dont le motif de départ n'est ni réel, ni sérieux ;

Que le motif réel implique la reconnaissance d'une réalité des faits objectifs imputés à la personne du salarié ;

Que le motif sérieux fait apparaître le dommage suscité par la personne qui a posé un acte répréhensible.

Attendu que sur, ce fondement, une salariée a été embauchée par le responsable d'une société en qualité de femme de ménage avec un salaire mensuel de 80.000 FCFA, en date du 03 février 2022 ;

Que cette personne était occupée à travailler dans deux sites ; au domicile du responsable et à la société ;

Qu'à la suite du départ de la personne qui a recruté la salariée, son successeur a affirmé que la salariée ne travaillait pas pour la société, mais pour le compte du recruteur.

Ainsi se pose la question de la convention collective applicable à une salariée au service de deux structures. Celle applicable au personnel domestique ou celle applicable dans le secteur de commerce ou bien les deux à la fois.

Dans la pratique, il est fait application de la convention la plus favorable, notamment dans ce contexte, celle applicable au personnel de commerce où est affiliée la structure.

Que l'employeur avait mis un terme à sa prestation de travail le 23 août 2023 sans aucune notification, ni motif de résiliation ;

Que le caractère abusif de ce licenciement réside dans l'absence de l'évocation d'un motif évoqué par l'employeur, sinon que la promesse de payer les droits légaux et conventionnels que l'employeur n'a pas honorée ;

Que se pose encore dans ce genre de dossier le problème de la non remise du certificat de travail, dont certains employeurs n'ont pas encore intériorisé l'importance ;

Que l'abus d'un licenciement est toujours assorti du paiement des dommages intérêts que les employeurs ne peuvent éviter.

TTB : Jugement du 6 juin 2019

Dossier n°15 : Licenciement abusif

Attendu qu'en date du premier avril 2016, Monsieur OD a fait citer devant le Tribunal du travail de Brazzaville, l'entreprise F aux fins de paiement de diverses sommes d'argent pour licenciement abusif ;

Qu'il expose à l'appui de sa requête qu'il a été engagé par un contrat à durée indéterminée par l'entreprise en date du 08 mars 2006 en qualité de chauffeur ;

Qu'inopinément, en dates du 19 octobre et 17 novembre 2011, le sieur OD avait reçu notification d'une décision de suspension sans rémunération d'une part et d'autre part une décision de rupture de contrat pour vol de voiture.

Attendu que la résiliation du contrat de travail de monsieur OD par l'employeur résulte de la disparition d'un véhicule de service confié par le chef d'entreprise à la demande du salarié, pour les besoins de son mariage ;

Que pendant plusieurs mois, le salarié n'a pas ramené ledit véhicule dans l'entreprise ;

Que l'employeur avait conclu au vol du véhicule par le salarié, dans la mesure où le véhicule qui lui avait été confié était introuvable ;

Qu'ultérieurement, les enquêtes des services de la police nationale ont conduit à trouver le véhicule à Ouesso, alors que la cérémonie du mariage avait eu lieu à Brazzaville ;

Que le salarié réfute le motif de licenciement prétextant que le véhicule qui avait disparu avait été retrouvé par la suite ;

Que le tribunal sur cette affaire avait conclu au débouté du salarié pour légitimer la faute commise ;

Que la négligence du salarié était manifeste, car il n'a pas su préserver l'outil de travail, causant par ce fait un préjudice à l'entreprise, dépourvu d'un véhicule de liaison ;

Que le salarié ne pouvait s'attendre aux circonstances atténuantes dans la punicité de son comportement, même si le véhicule avait été retrouvé ;

Que la faute lourde du salarié était établie ;

Qu'au début de la procédure, l'avocat du salarié avait soulevé l'arrêt de la procédure, prétextant qu'il n'avait pas reçu la requête du salarié. Comment le tribunal pouvait-il appeler les parties sans au préalable être saisi par une requête ? Cette demande, jugée comme un moyen dilatoire d'un avocat sans argumentaire sur la question, ne pouvant faire la différence entre une administration Publique et un établissement public doté d'une autonomie financière et de gestion, soumis par ce fait au code du travail, était écartée ;

Que ce jugement a l'avantage de préciser la zone de compétence de la juridiction sociale, lorsqu'il s'agit d'une administration publique et un établissement public, employant des salariés au sens de l'article 2 du code du travail de la République du Congo ;

Que les Administrations publiques échappent au tribunal du travail aux termes de l'article 211 du code du travail de la République du Congo ; mais les établissements publics qui tombent sous le coup de l'article 3 du code du travail précité relèvent de la compétence du juge social et non des tribunaux administratifs.

Dossier n°16 : **Licenciement abusif**

Attendu qu'aux termes de l'article 47 du code du travail de la République du Congo, le contrat de travail d'un salarié accidenté est suspendu ;

Que la loi ne fixe pas le délai de suspension dans ce cas ;

Que le contrat est maintenu jusqu'à la consolidation de la blessure ;

Que dans l'impossibilité pour le salarié de maintenir son poste de travail, l'employeur est obligé de lui changer de poste, en adaptant sa condition physique à la tâche à accomplir ;

Que pour les salariés immatriculés à la Caisse nationale de sécurité sociale, celle-ci assure la prise en charge des salariés accidentés ;

Que le requérant avait été victime d'un accident de travail grave, pendant l'année 2013 ;

Qu'il a subi plusieurs opérations chirurgicales. En 2015 au Congo puis en 2017 et 2022 au Maroc ;

Que les médecins avaient décidé que le salarié devrait de nouveau se rendre au Maroc pour l'enlèvement des fers qui soutiennent encore sa colonne vertébrale et son thorax ;

Que curieusement, en date du 10 octobre 2023, le contrat de travail du salarié accidenté a été suspendu, en application de l'article 47-c du code du travail, relatif aux accidents et maladie non professionnelle, contrairement à l'avis des médecins de la Caisse nationale de sécurité sociale.

Mais attendu que l'accident dont monsieur ED avait été victime, a suscité une hernie discale ;

Que cette maladie est professionnelle, à en croire les prescriptions du médecin traitant et celui de la CNSS ;

Que le salarié traine un double handicap, notamment : victime d'un accident de travail dont la blessure n'est pas encore consolidée et d'une maladie professionnelle ;

Que monsieur ED n'avait pas été déclaré inapte par les médecins ;

Qu'en dépit de ces anomalies, il continuait de travailler au même poste en qualité de brasseur, jusqu'au jour de son licenciement ;

Que le licenciement prononcé par l'employeur dans ces conditions au mépris de l'article 47-D du code du travail relatif aux accidents de travail et maladies non professionnelles pose un sérieux problème ;

Que monsieur ED est bénéficiaire de deux rentes d'invalidation, car il était victime de deux accidents de travail validés par les services de la caisse. Or l'employeur a décidé sans tenir compte de l'expertise du médecin traitant et celle de la caisse qui est l'organisme habilité dans le domaine des risques professionnels ;

Qu'aucune disposition dans le corpus juridique congolais n'envisage une période de suspension pour les contrats des travailleurs accidentés et souffrant des maladies professionnelles ;

Qu'un tel licenciement n'a aucun fondement juridique ;

Que le licenciement de monsieur ED a été décidé en violation de l'article 42 du Code du travail, sans motif légitime.

Requête du 20 décembre 2022

Dossier n°17 : Licenciement abusif

Pris sur le fondement de l'article 120 du Code du travail de la République du Congo, le droit de jouissance aux congés payés est légitime ;

Qu'à l'expiration de la période des congés payés, le salarié regagne son poste de travail ;

Que courant octobre 2022, bénéficiaire des congés d'un mois, Mademoiselle MIA serait surprise à son retour de congé de se voir notifiée la cessation de son activité professionnelle, sans motif précis ;

Qu'il lui avait été présenté un certificat de travail, un solde de tout compte avec la mention, départ d'un commun accord ;

Que la salariée avait refusé de signer ces documents présentés par l'employeur ;

Que dans l'optique où un employeur désirerait se séparer d'un salarié, la loi recommande une notification préalable en guise de préavis ;

Que toute cette procédure était foulée au pied par l'employeur ;

Que pour se défendre, l'employeur évoquait l'indiscipline de l'employée qui ne respectait pas les clients et ses supérieurs hiérarchiques ;

Que ces allégations n'étaient soutenues par aucune note ;

Que le juge les a balayées d'un trait en condamnant l'employeur au paiement des dommages et intérêts pour licenciement abusif.

Dossier n°18 : **Licenciement abusif**

Pris sur le fondement de l'article 32 du code du travail de la République du Congo, le contrat de travail a deux natures : le contrat de travail à durée déterminée et le contrat de travail à durée indéterminée ;

Que le contrat de travail à durée indéterminée est un contrat à exécution successive, qui peut être résilié à tout moment, sous réserve d'observation d'un préavis par la partie qui en prend l'initiative ;

Que monsieur BA recruté en qualité de chauffeur par la société EC, après neuf ans d'ancienneté, à la suite de l'immobilisation de son véhicule due à une panne, ne travaillait plus et n'était pas rémunéré ;

Qu'après la réparation du véhicule, l'employeur avait recruté un autre chauffeur et monsieur BA était contraint de rester à la maison ;

Que l'employeur ne lui avait donné aucune notification sur la rupture de son contrat, ni un certificat de travail ;

Que ce silence et cette indifférence de l'employeur à l'égard du salarié valaient licenciement verbal ;

Que le salarié avait assigné le chef d'entreprise devant le tribunal du travail, en réclamation du payement des droits légaux et conventionnels et des dommages intérêts.

Attendu qu'aux termes de l'article 39 du Code du travail, lorsqu'un employeur envisage de mettre un terme au contrat qui le lie à un salarié, il est tenu de lui adresser une lettre mentionnant la fin de contrat et le motif de la rupture ;

Qu'un licenciement intervenu verbalement n'a pas obéi aux dispositions de l'article précité ;

Qu'il est foncièrement abusif ;

Que plusieurs employeurs demandent à leurs salariés de rester à la maison sans les payer, alors qu'ils sont liés par un contrat à durée indéterminée ;

Que le non-versement de la rémunération ne peut être envisagé dans un contrat à durée indéterminée avant la rupture ;

Qu'en cas d'empêchement d'un fonctionnement régulier de l'activité, l'employeur doit recourir au chômage économique ou chômage technique en respectant les obligations que cette procédure impose (article 47-2 ; article 47-9 du code du travail) ;

Que ces situations sont souvent dues à la mauvaise foi des employeurs qui se prennent pour les seuls maîtres du jeu en se fondant sur leur qualité de chef d'entreprise.

Dossier n°19 : **Licenciement abusif**

Considérant que le règlement intérieur est le fondement du pouvoir disciplinaire de l'employeur ;

Qu'il est établi par l'employeur en vertu des articles 74-75 du code du travail ;

Que toutes les mentions des fautes susceptibles d'être commises ne sont pas énumérées limitativement ;

Que l'employeur a la possibilité de sanctionner une faute non prévue au règlement intérieur, en vertu de sa gravité ;

Que sur la demande de monsieur NKOU, salarié licencié pour faute lourde à la société TE, le Tribunal du travail a condamné l'employeur pour avoir prononcé une sanction non prévue au règlement intérieur à savoir :

- le refus de rendre compte et la non-déclaration d'un accident ayant entrainé des dégâts matériels et corporels importants, exposant la société à des poursuites judiciaires;
- récidive dans la dissimulation des dégâts matériels du véhicule de fonction ;
- récidive dans la dissimulation des informations à caractère professionnel ;

Que le salarié se justifie de ne pas rendre compte dans le délai à cause de la garde à vue décidée par les services de la gendarmerie contre sa personne pour avoir causé des dégâts matériels et humains ;

Que ce dernier a endommagé un véhicule de service ;

Qu'il a déclaré l'accident vingt (20) jours après ;

Que ce dernier jouissait de toute sa capacité physique et ses facultés mentales qui ne l'empêchaient pas d'informer son employeur ;

Qu'il a eu le temps de procéder à la réparation du véhicule à titre personnel ;

Que la dissimulation de l'information pendant plus de deux semaines est indiscutable ;

Que cette dissimulation constitue inéluctablement une faute professionnelle, même si elle n'est pas prévue dans l'énumération du règlement intérieur ;

Que la dissimulation de l'information sur l'accident a été intentionnelle, même si le salarié se défend que l'accident n'était pas intentionnel ;

Que dans cette affaire, le Tribunal du travail a condamné la société à payer d'importantes sommes d'argent à monsieur NKOU, pour licenciement abusif ;

Que la juridiction sociale a fait fi du comportement non professionnel du salarié qui a endommagé un véhicule de service suite à l'accident dont il était auteur et non victime, oubliant que la légitimité du licenciement opéré par l'employeur se fonde sur le comportement indélicat d'un salarié qui s'est abstenu sciemment de faire remonter l'information à la hiérarchie.

Que dans ces conditions, constitue un comportement fautif :

- le fait de ne pas informer l'employeur dans les quarante-huit heures, car la garde à vue était levée. Même pendant la garde à vue, il ne lui était pas empêché de communiquer ;

Que cette tardiveté dans la transmission de l'information à la hiérarchie est blâmable ;

Que la sanction prononcée par le tribunal du travail, en condamnation de la société TE, au motif que le comportement n'était pas prévu par le règlement intérieur est discutable, dans la mesure où il y a eu un dommage causé sur un bien de la société, encore que tous les comportements fautifs ne peuvent pas être énumérés dans un règlement intérieur. D'où la liste des cas fautifs énumérés dans un règlement intérieur ne saurait être exhaustive ;

Que le juge social ne devait pas s'accrocher à la liste énumérative des sanctions figurant dans le règlement intérieur en perdant de vue l'indélicatesse du salarié qui après avoir occasionné des dégâts dans un véhicule de service s'est abstenu de communiquer l'information à son employeur ;

Que cette rétention de l'information constitue à coup sûr une faute dont on ne peut douter de la gravité.

Jugement du 25 juillet 2024

Dossier n°20 : **Licenciement abusif**

Considérant que les contrats scolaires ont un régime particulier ;

Que quel que soit le nombre de reconductions, ils demeurent des contrats à durée déterminée aux termes de l'article 32-2-8 du Code du travail ;

Qu'un contrat à durée déterminée ne peut être rompu avant le terme fixé par les parties, en l'occurrence la fin de l'année scolaire ;

Que dame KOU avait conclu un contrat verbal avec la promotrice de son école afin d'enseigner au préscolaire pour les classes de P2 et P3 ;

Que dans l'exécution de sa tâche, elle s'est retrouvée avec trois niveaux, notamment : P1, P2 et P3 ;

Qu'à l'issue de la réclamation faite à la promotrice, cette dernière a promis qu'elle trouverait une enseignante afin d'éclater la classe ;

Que cette promesse est restée sans réponse ;

Que la rémunération de l'enseignante n'a fait que décroitre :50.000 FCFA pour le mois d'octobre, 46.500 FCFA pour le mois de novembre, 45.000 FCFA pour le mois de décembre ;

Que lorsqu'elle a contesté le montant de la rémunération, l'employeur l'a chassée en lui interdisant de revenir à l'école ;

Que le tribunal a constaté la rupture anticipée du contrat de travail avec les conséquences qui en découlent, prévues à l'article 37- 4 du code du travail : « en cas de rupture anticipée du fait de l'employeur, le salarié percevra sous réserve de l'appréciation de la juridiction compétente, à titre d'indemnité, les rémunérations et les avantages de toutes natures qu'il aurait recueillis si le contrat avait été exécuté jusqu'à la date prévue par les parties » ;

Que la juridiction sociale a condamné l'employeur à payer : les sommes relatives aux mois restants, les reliquats des salaires ;

Qu'il n'a pas droit à l'octroi des dommages et intérêts, pour préjudices subis dans l'optique de contrat a duré indéterminée. Ici, l'indemnisation se résume en termes de payement de mois restant. Ainsi, la demande formulée par la requérante n'est pas conforme aux dispositions de l'article 37-4 du Code du travail, relatives aux droits du salarié en cas de rupture anticipée du contrat de travail.

Observations :

Ce cas révèle une fois de plus l'attitude de certains employeurs qui surchargent les salariés, en leur assignant les tâches supplémentaires non prévues au contrat.

En effet, le complément des tâches dans une relation professionnelle, sans l'accord du salarié, constitue une modification substantielle du contrat de travail.

Qu'en cas d'acceptation du salarié, ses tâches qui constituent un travail supplémentaire doivent être rémunérées par le biais d'un complément de rémunération ;

Que madame KOU, en sa qualité d'enseignante, gérait trois niveaux d'études avec un salaire mensuel payé au mois d'octobre, non conforme au SMIG ;

Qu'aucun substitut de salaire additionnel en termes de prime n'était versé à la salariée. Cette pratique en vigueur dans les écoles privées est anachronique et devrait être découragée par le juge, dans la mesure où elle tend à rendre précaire le travail des enseignants et leurs conditions sociales.

Le caractère à durée déterminée du contrat scolaire ne relève pas d'une pratique administrative, comme l'atteste le juge social dans le rendu de cet arrêt, mais plutôt d'une énumération légale (article 32-2-8 du code du travail).

La cour suprême dans son arrêt a juste repris les termes de la loi.

Jugement du 6 mars 2025

Dossier n°21 : **Licenciement abusif**

Considérant qu'aux termes de l'article 42 du code du travail est qualifié d'abusif tout licenciement intervenu sans un motif légitime;

Que monsieur AVOU, retraité en qualité de chef comptable à la société MOK, reproche à son employeur de ne pas avoir respecté la procédure du licenciement prévue à l'article 41 nouveau, alinéa 4 du Code du travail ;

Que la période de suspension n'était pas encadrée dans les trente (30) jours prévus par la loi ;

Qu'il reproche en outre à son employeur de l'avoir licencié pour deux motifs : la faute lourde et la perte de confiance ;

Que la partie employeur a rejeté ces allégations en soutenant la régularité de la procédure de suspension, la remise de la lettre de licenciement, du solde de tout compte et du certificat de travail ;

Que le tribunal de travail a prononcé le débouté du requérant en jugeant régulier et légitime le licenciement ;

Observations :

La période de suspension de contrat ne devrait pas dépasser le délai légal soit trente (30) jours prévu à l'article 41 alinéa 4. Dans cette optique, tout licenciement intervenu après trente (30) jours tombe dans l'irrégularité de la procédure dans la mesure où la loi ne prévoit pas un dépassement du délai.

La loi ne donne pas la faculté à un employeur de répondre au salarié qui a présenté la défense à n'importe quel moment.

La tendance des juges à ne pas considérer irrégulier le dépassement du délai légal ne se circonscrit pas conformément aux textes en vigueur.

Dossier n°22 : **Licenciement abusif**

Attendu que monsieur NGUI a travaillé à la SC pendant plus de deux ans du 26 mars 2015 au 31 janvier 2018, avec le régime du contrat de travail à durée déterminée renouvelable ;

Que son contrat de travail a été renouvelé plus d'une fois ;

Qu'il a réclamé de son employeur devant la juridiction compétente le remboursement de ses cotisations sociales, le paiement de l'allocation congé ;

Que sur les demandes précitées, la juridiction compétente n'a pas suivi le salarié, en se référant à l'article 182 du code de sécurité sociale qui prescrit que seuls les services de la Caisse nationale de sécurité sociale (CNSS) ont le pouvoir de contraindre tout employeur de verser les cotisations sociales à l'organisme.

Aussi, pour les congés dus par l'employeur, la juridiction compétente s'est appuyée sur la prescription triennale prévue à l'article 120 du code du travail, en condamnant l'employeur au paiement des dommages et intérêts pour préjudice subi par le salarié, suite à la non-jouissance des congés qui n'avaient pas été programmés par le chef d'entreprise.

Il y a lieu de souligner une erreur de terminologie dans l'argumentaire de plusieurs praticiens du droit social qui évoquent le paiement des congés ;

Qu'un congé ne peut pas être payé, car ce terme renvoie à un repos compensateur qui ne saurait être rémunéré. Ce n'est qu'à la fin des relations contractuelles que ce repos compensateur peut être payé en argent, notamment le salaire brut par année de non jouissance dans la limite de trois (3) années.

Plusieurs employeurs bloquent sciemment les travailleurs dans leurs entreprises en les empêchant de jouir de leur droit au congé, afin d'évoquer la prescription avec l'écoulement du temps. Le paiement des dommages et intérêts par les employeurs qui s'abritent derrière la prescription est une arme dissuasive entre les mains de la juridiction compétente pour dissuader les employeurs malveillants.

En outre, il ne revient pas à un salarié de demander à un employeur le départ en congé.

Tout chef d'entreprise par le biais de ses services (administratifs et financiers, ressources humaines) doit mettre en musique un planning d'activités dont l'exécution est obligatoire.

Requête du 5 avril 2018

Dossier n°23 : Licenciement abusif et irrégulier

Attendu qu'un collectif des travailleurs avait assigné devant la juridiction sociale, en date du 05 avril 2018 la société TROP pour réclamer le paiement des droits légaux et conventionnels, le paiement des dommages et intérêts pour non délivrance du certificat de travail et pour licenciement abusif et irrégulier.

Les dossiers devant le Tribunal du travail en réclamation des droits légaux et conventionnels et des dommages et intérêts pour divers griefs formulés à l'endroit de l'employeur sont très nombreux.

En effet, ces salariés clament que l'employeur avait procédé à la suspension de leurs contrats de travail pour des motifs que ces derniers ne reconnaissaient pas. Ils avaient résolu au préalable de ne pas prendre les sanctions disciplinaires qui leur étaient infligées.

A la suite d'une baisse d'activité, l'employeur avait résolu de les mettre à l'écart, en simulant des motifs.

Après la suspension de leurs contrats, l'employeur avait procédé à la résiliation de leurs contrats. Cependant, la lettre de licenciement n'indiquait pas expressément le motif comme le dispose l'article 39 du Code du travail de la République du Congo.

Pour la partie employeur, il était reproché à ces salariés une indiscipline notoire. Ces derniers avaient violenté verbalement le chef d'entreprise tout en refusant d'accomplir les tâches pour lesquelles ils étaient embauchés : buandier et blanchisseur.

Pour ce qui est de la procédure, leur contrat avait été suspendu pour 30 jours, ils avaient présenté la défense. La lettre de suspension indiquait le motif qui leur était reproché.

Le juge devrait répondre à la question relative à l'absence de mention du motif du licenciement dans la lettre consacrant la rupture du contrat, alors que, pendant la suspension, les griefs reprochés aux salariés étaient indiqués. Pouvait- elle être considérée comme motif illégitime de licenciement, lorsqu'il est établi que l'abus de licenciement résulte du défaut de motif ou d'un motif fallacieux fomenté par l'employeur ?

Le juge avait répondu par la négative. Les salariés présumés fautifs par l'employeur étaient notifiés de leur motif dans la lettre de suspension. Ils étaient censés connaitre ce qui leur était reproché, Il n'y avait donc pas d'absence de motif. Le licenciement de ces salariés n'était pas abusif.

Quant à l'irrégularité du licenciement évoqué, la procédure prévue à l'article 41, alinéa 4, était observée, car les contrats étaient suspendus.

En conséquence, il n'était pas fait droit aux requérants.

Observations :

Une omission par l'employeur peut résulter de l'absence d'une indication dans la lettre de licenciement notamment le motif, alors que les salariés ont été notifiés dans la lettre de suspension du motif qui leur est notifié.

Dans ces conditions, l'absence de mention du motif du licenciement apparait comme une erreur de forme qui n'entache pas le fond du litige, en l'occurrence l'indiscipline caractérisée, mais dans ce dossier qui a été soumis au tribunal du travail et par lequel le débouté du salarié a été prononcé à juste titre.

Requête du 10 avril 2017

Dossier n°24 : **Licenciement abusif et irrégulier**

Attendu que monsieur MALONGA avait assigné son employeur devant le Tribunal du travail pour licenciement abusif et irrégulier ;

Il s'est insurgé contre la décision de licenciement prononcée par son employeur, trois mois après la commission de la faute qui lui est reprochée ;

Qu'il reproche à son employeur de n'avoir pas respecté les délais de trente (30) jours prévus par l'article 41 alinéa 4 ;

Que la réponse lui a été donnée trente-trois (33) jours après la suspension de son contrat de travail.

Attendu que Monsieur MALONGA employé de banque avec dix-sept (17) ans d'ancienneté avait dissimulé une partie de l'argent versé par un client de la banque ;

Qu'à l'issue de la réclamation de ce client, l'intéressé avait nié les faits, mais malheureusement pour lui, les caméras de surveillance avaient dévoilé son mensonge ;

Que son contrat de travail n'avait pas été suspendu aussitôt, mais trois (03) mois après la commission de la faute, lorsqu'on sait qu'une faute lourde doit être sanctionnée immédiatement dès que l'employeur a pris connaissance des faits ; le retard de la sanction laisserait supposer que le salarié a bénéficié de circonstances atténuantes ;

Que les sanctions prononcées tardivement suscitent des controverses. De même, la lettre de licenciement lui a été adressée trente-trois (33) jours après la suspension du contrat, alors que selon les dispositions légales, le contrat est suspendu pour trente (30) jours.

Quelle est alors la nature du contrat après trente (30) jours ? Ainsi les employeurs sont astreints au respect du délai légal pour ne pas susciter des contestations qui proviendraient de la prolongation du délai.

Mais le tribunal de travail a conclu au débouté de monsieur MALONGA.

La juridiction sociale n'a pris en compte que l'acte frauduleux posé par le salarié, sans tenir compte des irrégularités procédurales de l'employeur.

Observations :

La considération par le tribunal du travail de l'acte frauduleux posé par le salarié est certes légitime. Mais il ne convient pas de perdre de vue qu'un licenciement irrégulier, selon les prescrits de l'article 42 du Code du travail, est celui dont la légitimité du motif est irréfutable, mais effectué en violation de la procédure légale prévue à l'article 41 alinéa 4. Dans cette espèce, le juge a ignoré l'aspect du dépassement du délai légal par l'employeur en ce qui concerne la notification de la sanction. Le salarié en dépit de sa turpitude devait entrer au bénéfice des dommages et intérêt en dépit de la faute commise. Le paiement des dommages et intérêt est une sanction dissuasive infligée à un employeur qui a violé la procédure légale en matière de licenciement.

Dossier n°25 : Licenciement d'un salarié protégé

Attendu que le licenciement d'un salarié protégé est conditionné à l'observation d'une procédure prescrite à l'article 176 du Code du travail ; Que le salarié a qui l'employeur reproche d'avoir commis une faute lourde est mis à piedà titre conservatoire ;

Que pendant la période de mise à pied, l'employeur saisit la commission des litiges qui est censée autoriser le licenciement ou non du salarié ;

Que pendant la durée de la suspension, le travailleur conserve le bénéfice de son salaire de base ;

Mais attendu que monsieur NGONGO recruté par la société SEC pour un contrat à durée indéterminée le 02 octobre 2006 a reçu une notification de licenciement pour baisse d'activité le 17 octobre 2022, sans observation de la procédure prévue à cet effet ;

Que le salarié a assigné son employeur devant le tribunal du travail, en réclamation des dommages et intérêts ;

Que le licenciement pour motif économique est assujetti à une procédure prévue à l'article 47-5 du Code du travail qui commande la saisine de la commission des litiges qui commet une enquête pour vérifier l'opportunité de la mesure du licenciement envisagé par l'employeur ;

Que cette vérification par les services de l'inspection du travail permet de s'assurer de la réalité des justificatifs énoncés par le chef d'entreprise ;

Que dans le cas d'espèce, l'employeur a foulé au pied les prescriptions légales et administratives inhérentes à ce mode de séparation ;

Que dans ce dossier, le comportement fautif de l'employeur est manifeste. Ce dernier ne peut trouver aucune parade pour justifier un licenciement pour baisse d'activité sans passer par la commission des litiges qui est le seul organe qui a précisé l'opportunité de la mesure et de la décision de licenciement à prendre.

Que le licenciement pour motif économique allégué ne saurait être verbal. Les employeurs qui s'engagent dans cette voie devraient être astreints non seulement aux paiements des droits légaux et conventionnels, mais aussi des dommages et intérêts pour violation de la procédure.

Dossier n°26 : **Rupture anticipée d'un contrat de travail du fait de l'employeur**

Attendu que monsieur NGA a été recruté le 02 août 2021 par la société CS en qualité de chauffeur par un contrat à durée déterminée d'un an ;

Qu'en date du 20 juin 2022, l'employeur a décidé de la rupture de son contrat de travail sans motif réel et sérieux ;

Qu'un contrat de travail à durée déterminée ne peut être rompu avant son terme, sauf en cas de faute lourde ou d'accord partie ;

Que toute rupture anticipée du fait de l'employeur ouvre au profit du salarié au paiement des droits légaux et conventionnels, et au bénéfice de tous les avantages dont il aurait bénéficié jusqu'à l'échéance du terme ;

Que ce principe qui condamne l'employeur à payer les mois restants n'est propre qu'au contrat à durée déterminée, pour décourager certains employeurs mal intentionnés qui veulent se débarrasser des salariés gênants, sans qu'ils aient commis de fautes.

Dossier n°27 : **Rupture anticipée**

Considérant qu'un salarié dans l'exécution de son contrat de travail peut effectuer des missions ponctuelles en dehors de son lieu de recrutement ;

Que la présence du salarié pour mission dans une localité autre que celle de son recrutement n'emporte pas comme conséquence qu'en cas de litige le tribunal compétent sera celui d'exécution de la mission ;

Que monsieur MALONGA ayant conclu un contrat de travail à Brazzaville était souvent commis en mission à Pointe-Noire ;

Que licencié par son employeur qui a élu domicile à Brazzaville, le salarié a saisi le tribunal du travail de céans aux fins d'obtenir sa condamnation aux paiements :

- des arriérés des salaires et des primes ;
- d'indemnité pour rupture anticipée du contrat de travail à durée déterminée.

Qu'en cas de litige, le salarié a l'option entre le lieu de recrutement et les lieux d'exécution de la prestation ;

Que certains esprits semblent mettre en exergue le lieu d'implantation de la direction générale de la structure, alors que le salarié n'a jamais travaillé dans cette localité ;

Que le tribunal du travail a fait droit au salarié qui a obtenu la condamnation de son employeur au paiement des sommes demandées dans la requête introductive d'instance.

Requête du 13 août 2020

Dossier n°28 : **Rupture d'un contrat à durée déterminée**

Considérant que Monsieur MAMO, salarié ayant conclu un contrat à durée déterminée de six (06) mois, avait saisi le tribunal du travail pour rupture d'un contrat avant l'échéance de son terme ;

Que ce dernier qui occupait un poste majeur nécessitant sa présence effective sur le terrain, s'était absenté pendant trois (03) jours, en brandissant à son employeur deux certificats médicaux de complaisance portant des mentions différentes ;

Que l'un des certificats était émis par le service médical de la société IE et SC ;

Que le deuxième portait la mention SCET ;

Que le caractère frauduleux de ces pièces était dûment établi. Pire encore, les prescriptions médicales des deux ordonnances présentées n'avaient pas la même chronologie dans l'agencement des médicaments ;

Au regard de ces justificatifs frauduleux, l'employeur avait rompu le contrat de travail pour abandon de poste ;

Que la lettre de licenciement lui était notifiée ;

Celle-ci consacrait la légitimité de la résiliation du contrat de travail à durée déterminée du fait du salarié pour abandon de poste ;

Que les investigations ultérieures effectuées par l'employeur concluaient que monsieur MAMO avait vaqué à d'autres occupations pendant les trois jours d'absence ;

Que le faux et usage de faux était perceptible à travers les documents justificatifs produits par le salarié.

Ce contentieux met en évidence le problème de la violation du contrat de travail à durée déterminée, par un salarié qui n'avait pas rempli ces engagements contractuels d'un travail ponctuel assidu ;

Que la faute lourde du salarié rompt immédiatement le contrat de travail à durée déterminée, sans observation d'une quelconque procédure.

Dossier n°29 : **Refus de comparaître**

Considérant que plusieurs employeurs refusent de se présenter devant la juridiction compétente pour avoir puni les salariés qui souvent n'ont affiché aucun comportement infractionnel.

Que par cette pratique, ils croient se soustraire à la loi ;

Que monsieur EBA a assigné son employeur devant le tribunal du travail ;

Que ce dernier a été au service de l'employeur pendant sept mois ;

Qu'il a été licencié par le simple vouloir du responsable de l'entreprise ;

Que l'employeur n'a pas répondu aux citations du tribunal ;

Qu'à travers un jugement par défaut, l'employeur a été condamné au paiement :

- des droits légaux et conventionnels ;
- d'arriérés de salaire de sept jours ;
- de l'indemnité de transport de sept jours ;
- des dommages et intérêts pour licenciement abusif.

Observations :

Le tribunal a condamné l'employeur au paiement d'arriérés de salaire de sept jours, de l'indemnité de transport de sept jours.

Cette rubrique devrait être intitulée : salaire de présence, qui devait englober, en son sein, l'indemnité de transport de sept jours.

La dissociation de ces éléments de rémunération ne parait pas logique. Car, l'indemnité de transport est un substitut de salaire.

Jugement du 25 juillet 2024

Dossier n°30 :Refus de comparaître (itératif défaut)

Attendu que monsieur KUE, embauché verbalement en qualité de serveur, a été au service de son employeur pendant huit ans ;

Qu'il a été mis en congé pendant cinq mois, sans lui signifier le motif ;

Que cette demande de l'employeur n'était en réalité qu'un licenciement verbal ;

Que l'employeur ne s'était jamais présenté aux audiences et a été condamné par le tribunal à payer les droits légaux et conventionnels ;

Que l'employeur défaillant a fait opposition à la décision du Tribunal du travail rendu par défaut aux termes de l'article 233, alinéa 2 du code du travail ;

Qu'à l'issue de cette opposition, le tribunal du travail a cité de nouveau les parties à comparaître, mais l'employeur qui a fait opposition n'a jamais comparu de nouveau, malgré plusieurs renvois de l'affaire ;

Que statuant publiquement par itératif défaut en matière sociale, le tribunal du travail a confirmé la première décision rendue en faveur de monsieur KUE.

Que le défaut de comparaitre ne dispense pas l'employeur au paiement des sommes due à un salarié licencié abusivement.

Dossier n°31 :Refus de comparaître

Considérant qu'à l'issue de la conclusion d'un contrat de travail, l'employeur s'oblige à donner le travail convenu au salarié ;

Que la non-exécution de cette formalité fait encourir à l'employeur la charge de la résiliation du contrat de travail ;

Que monsieur MBE, engagé comme chauffeur dans une boulangerie, n'avait plus son outil de travail à cause d'une panne de moteur que l'employeur trainait de réparer ;

Qu'il était demandé au salarié d'attendre l'appel des responsables de la boulangerie ;

Que fatigué de rester à la maison, ce dernier avait fait pression à ses supérieurs pour la réparation du véhicule ;

Que les responsables de la boulangerie lui avaient répondu de chercher le travail ailleurs, car il n'avait plus de place à la boulangerie ;

Qu'en saisissant le tribunal du travail, le salarié a sollicité le paiement de ses droits prévus aux articles 39 alinéa 2, 41 alinéa 1, 119 et 120 du code du travail, 20 et 21 de la convention collective des boulangeries à savoir :

- l'indemnité de préavis ;
- l'indemnité de congé ;
- l'indemnité de licenciement.

En sus de ses droits, il avait demandé le paiement des dommages et intérêts ;

Que l'employeur qui n'avait pas comparu était astreint au paiement des droits légaux et conventionnels, assortis des dommages et intérêts pour préjudice subi ;

Que certains employeurs oublient que nul ne peut se soustraire à la justice ;

Que toute turpitude causée à autrui mérite réparation.

Dossier n°32 : **Refus de comparaitre**

Attendu qu'un collectif des travailleurs était mis à l'écart par leur employeur qui évoquait les difficultés économiques ;

Que curieusement, il avait embauché d'autres personnes en remplacement des anciens salariés ;

Que la procédure de suspension pour motif économique prévu à l'article 47 n'était pas observée ;

Qu'aucune rémunération ne leur était versée ;

Qu'ils ont saisi le tribunal du travail pour demander le paiement des dommages et intérêts pour préjudice subi en raison du manque de bulletins et de livre de paie, pour non délivrance du certificat de travail ;

Qu'ils ont sollicité du tribunal le paiement des arriérés des salaires, des indemnités de congé ;

Que la partie employeur n'avait pas répondu aux citations du tribunal du travail qui avait fait droit aux requérants pour le paiement :

- de l'indemnité des congés ;
- des arriérés des salaires ;
- des dommages et intérêts pour licenciement abusif ;
- des dommages et intérêts pour non-immatriculation à la CNSS ;
- des dommages et intérêts pour la non-délivrance du certificat de travail.

Observations :

Pour le paiement de l'indemnité congé, les requérants avaient demandé des montants d'argent démesurés, sans rapport avec le mode des calculs de congé, faisant fi de la prescription triennale.

Dans ces conditions, le tribunal ajuste le paiement des indemnités, en tenant compte des prescrits légaux.

Dossier n°33 :Refus de comparaitre

Attendu qu'aux termes de l'article 220 du code du travail, le juge saisi d'une affaire, cite les parties à comparaître ;

Qu'en cas de non-comparution, l'article 224, alinéa 2 du code du travail dispose : « si le défendeur ne comparait pas et ne justifie pas d'un cas de force majeure, ou s'il n'a pas présenté ses moyens sous forme de mémoire, défaut est donné contre lui et le tribunal statue sur le mérite de la demande » ;

Que monsieur MOUA au service de son employeur pendant 20 ans réclame contre lui le paiement des sommes d'argent au titre des dommages et intérêts pour non-immatriculation à la Caisse nationale de sécurité sociale (CNSS), non-paiement des congés, non-signature du contrat et non-délivrance des bulletins de paie ;

Que le tribunal avait décidé en sa faveur le paiement par l'employeur de 12.000.000 FCFA au titre des dommages intérêts pour non-immatriculation à la CNSS, non-remise du certificat de travail et non-paiement de congés ;

Que le salarié était débouté du surplus de sa demande.

Observations :

Le tribunal recommande à l'employeur le payement des congés au titre des dommages et intérêts. Ce n'est pas le congé qui est payé, dans la mesure où le congé est une période de repos et le repos n'est pas monnayé. Aux termes de la loi, c'est l'indemnité pour non-jouissance de congé payé qui est attribué au salarié à la fin de la relation contractuelle. Et cette indemnité se résume au payement de trois mois de salaire brut et des jours des congés supplémentaires prévus par les conventions collectives.

Dans le cas d'espèce, le salarié n'a pas demandé le payement des indemnités de rupture qui auraient été certainement payées, mais dans ces indemnités devraient figurer également l'allocation congé, pourquoi la reconvertir encore en dommages et intérêts ?

Le plus souvent dans les condamnations par défaut, les employeurs font opposition à la décision du tribunal, et pourtant par leur volonté de nuisance, ils s'abstiennent de répondre aux sollicitations de la juridiction compétente, ce qui importe pour eux, c'est l'écoulement du temps. A travers ces pratiques, ils espèrent émousser la volonté des requérants.

Dossier n°34 : **Licenciement abusif dû à l'absence de saisine de la commission des litiges**

Attendu qu'aux termes de l'article 39 du Code du travail, tout employeur qui désire se séparer de tout ou d'une partie de son personnel doit saisir la commission des litiges qui statue sur la légitimité du motif ;

Que la pharmacie DIVI prétextant d'un motif économique avait mis plusieurs salariés dehors, sans saisir la commission des litiges ;

Que les salariés concernés, trois au total, avaient saisi le tribunal du travail pour entrer en possession de leurs droits ;

Attendu qu'en dépit des multiples citations à comparaître, le responsable de la pharmacie ne s'était jamais présenté ;

Que l'employeur était condamné à payer :

- l'indemnité de préavis ;
- l'indemnité de licenciement ;
- les dommages et intérêts pour licenciement abusif.

Observations :

L'abus de licenciement dans ce dossier résulte du défaut de motif, parce que motif non certifié par une enquête de la commission des litiges.

Il ne revient pas à l'employeur seul de déclarer l'existence des difficultés économiques, sans s'en tenir à la procédure édictée par le code du travail, notamment la saisine de la commission des litiges.

Dossier n°35 : **Refus de comparaître**

Considérant qu'aux termes de l'article 221 du code du travail, le Tribunal du travail est compétent pour les contentieux relatifs à l'exécution du contrat de travail, en matière de sécurité sociale…

Que lorsqu'il est saisi, le Tribunal du travail appelle les parties à comparaître ;

Que le défaut de comparution par le défendeur oblige le tribunal à statuer sur le mérite de la demande ;

Que monsieur BA en date du 21 juillet 2023 avait assigné son employeur en réclamation du paiement des droits légaux et conventionnels et au paiement des dommages et intérêts, pour l'absence de prise en charge, à l'issue d'un accident du travail ;

Que l'employeur après plusieurs renvois ne s'est jamais présenté devant la juridiction sociale ;

Qu'à l'examen du dossier, le tribunal a constaté que le salarié avait reçu de son employeur la somme de 275.000 FCFA au titre des droits légaux et conventionnels consécutifs à la rupture du contrat ;

Que cette demande réitérée devant le tribunal devenait sans objet ;

Que le tribunal avait condamné l'employeur à payer, au titre des dommages et intérêts, la somme de 300.000 FCFA pour préjudice subi du fait de l'accident survenu au mois d'août 2022.

Ce dossier met en exergue le problème du cumul de demandes par les requérants qui ont déjà reçu pour la même cause les sommes d'argent de leur employeur à l'Inspection du travail ou à titre transactionnel ;

Que le cumul des demandes pour la même cause n'est pas recevable.

C'est dans cette perspective que l'attention du juge s'est focalisée sur les dommages consécutifs à l'accident du travail dans la mesure où le salarié n'était pas immatriculé ;

Que le refus de comparaitre n'exempte pas l'employeur au paiement des dommages et intérêts.

TTB : Jugement du 25 juillet 2024

Dossier n°36 : **Licenciement abusif, prononcé par un avocat**

Considérant que le contrat de travail à durée indéterminée peut toujours cesser par la volonté de l'une des parties qui le désire, sous réserve de l'observation d'un préavis donné à l'autre partie selon les prescrits de l'article 39 du code du travail ;

Que ce principe est une parade aux prétentions d'un engagement à vie ;

Mais attendu qu'en cas de faute lourde, le licenciement ne prend effet qu'après que le salarié a présenté sa défense…

Que la présentation de la défense est une formalité obligatoire pour la conformité d'une rupture de contrat du fait du salarié qui a commis une faute lourde ;

Que monsieur KABA, recruté en date du 1er avril 2020 par la société UNIC, en qualité de manager et de représentant de la société en République du Congo, par un contrat à durée indéterminée était licencié le 24 mars 2024 ;

Que son licenciement était prononcé par un avocat et non par une autorité de l'entreprise ;

Qu'aucun motif n'avait été notifié au salarié qui n'avait pas présenté sa défense, avec confiscation de son salaire du mois de mars 2024.

Ce dossier pose le problème de l'abus de licenciement auquel sont confrontés et exposés plusieurs salariés.

A cause d'un soupçon, l'employeur peut-il prononcer le licenciement de son salarié ? Un directeur des ressources humaines peut-il sanctionner un salarié d'un licenciement ? L'avocat a-t-il qualité de s'immiscer dans les procédures disciplinaires dans une société où il sert de conseil ?

Que l'Avocat ne fait pas partie des effectifs d'une entreprise ; même par délégation, il ne lui appartient pas de prendre des décisions en rapport avec la situation professionnelle des salariés.

Cette prérogative est dévolue au chef d'entreprise seul qui, en cas de nécessité ou d'empêchement, délègue temporairement son pouvoir disciplinaire à l'un de ses préposés immédiats, mais pas à un avocat ;

Que toute sanction prononcée en violation des principes juridiques établis est nulle.

Requête du 23 avril 2019

Dossier n°37 : Reclassement

Considérant qu'en vertu de la convention collective de la Société E, un salarié qui a plafonné tous les échelons de sa catégorie devrait basculer à la catégorie immédiatement supérieure ;

Qu'entre-temps, la société a eu à négocier une nouvelle convention ;

Que tous les salariés à concordance d'échelons devraient basculer dans la nouvelle convention ;

Que tous les salariés placés dans les catégories A11 et A12 ont été reclassés en plafonnement du 10ème échelon ;

Que par rapport à son ancienneté, monsieur MAT devrait passer en hors-classe en 2016, mais l'administration n'a pas accompli cette formalité ;

Qu'au lieu de procéder à son reclassement, ce qui devrait lui permettre de faire valoir ses droits à la retraite à l'âge de 65 ans, l'administration a préféré le bonifier en lui accordant des échelons, ce qui entrave son admission à la retraite à 65 ans ;

Qu'en dépit des réclamations faites à ce sujet, l'administration a opposé une fin de non-recevoir au salarié lésé ;

Que ce contentieux fait appel aux observations suivantes :

L'administration, n'est-elle pas coupable du préjudice subi par les salariés, eu égard au mauvais fonctionnement de ses services ?

L'avancement en règle générale est un processus qui s'effectue de façon automatique tous les deux ans ;

Que les salariés, arrivés au plafonnement des échelons de leurs catégories, doivent nécessairement être reclassés et non être bonifiés en échelons.

La bonification des échelons intervient quelques années avant l'âge d'admission à la retraite, en reconnaissance des services rendus par le salarié à l'entreprise.

Si à l'issue de la bonification, le salarié a plafonné dans sa catégorie, ce dernier devrait être automatiquement reclassé dans la catégorie supérieure ;

Que la société E, en mettant le salarié à la retraite à 60 ans, sans tenir compte du retard d'avancement qui aurait pu le conduire à la catégorie immédiatement supérieure, lui a fait subir un préjudice incommensurable ;

Que dans ce contexte, la juridiction compétente devrait exiger à l'employeur la régularisation de la situation administrative selon les prescrits de la convention collective de la société, ce qui permettrait aux salariés qui logiquement devraient accéder à la catégorie hors-classe depuis 2016 de façon normale, sans être appuyés par les bonifications anticipées, de cesser leur activité professionnelle à 65 ans ;

Que, de ce point de vue, le juge devait sommer l'employeur à payer au requérant les sommes d'argent qu'il aurait pu percevoir au titre des salaires et accessoires, ceci de façon rétroactive à la date échue de son reclassement régulier en 2016, en assortissant ses demandes de paiement de dommages et intérêts pour préjudice subi ;

En effet, plusieurs chefs d'entreprises octroient des bonifications d'échelons après une formation diplômante, alors que la convention collective n'a pas prévu cette procédure ;

Que ces pratiques sont teintées d'illégalité.

Requête du 27 juin 2019

Dossier n°38 : **Reclassement et paiement des dommages-intérêts**

Attendu que pour bénéficier des avantages de la convention collective d'entreprise, monsieur MAK avait assigné son employeur, la Société E, pour refus de reclassement et au paiement des dommages et intérêts ;

Que le passage, de la Société nationale à la Société E, avait entrainé une succession de convention collective ;

Attendu que la convention collective de la Société nationale à l'article 34 avait institué une commission de formation professionnelle (COFOPRO), à travers laquelle les salariés qui remplissaient les conditions bénéficiaient d'une formation au centre de formation de la société nationale, sanctionnée par un reclassement ;

Qu'en outre, la convention prévoyait un avancement automatique tous les deux (02) ans, et monsieur MAK avait plafonné à la catégorie D10. Se posait alors la question du passage à la catégorie supérieure dans la mesure où pendant quatre (04) années il n'était pas avancé et la nouvelle convention avait institué un test pour prétendre à un reclassement ;

Qu'il s'agit dans ce dossier de la question de l'application de la convention collective dans le temps, à savoir : les anciennes situations doivent-elles tomber sous l'empire de l'ancienne convention qui régissait les situations professionnelles des salariés de la société nationale ou doivent-elles être régies par la nouvelle convention qui régit les situations des salariés de la Société E ?

Que les salariés qui devaient passer par la Commission de formation professionnelle non organisée par l'employeur, doivent-ils passer un test prévu par la nouvelle convention qui n'était pas prévu au moment des faits ?

Mais le Juge social dans cette affaire a débouté monsieur MAK en arguant que tous ceux qui n'étaient pas passés par un test ne pouvaient pas être reclassés. Cet argumentaire du juge social n'a pas fait l'unanimité, car, de ce point de vue, il était judicieux d'apprécier la demande du requérant dans le temps ;

En règle de droit, une disposition juridique généralement n'a point d'effet rétroactif, à cet égard les dispositions de la nouvelle convention ne devaient pas rétroagir en soumettant à un test les salariés qui devaient être avancés sous l'empire de l'ancienne convention.

TTB : Jugement du 6 mars 2025

Dossier n°39 : **Dommages et intérêts**

Attendu que les dommages-intérêts constituent des sommes d'argent sollicitées par les requérants, pour avoir subi un tort ; ce sont des compensations octroyées en guise de réparation ;

Que sur le fondement de ce principe, monsieur BOK avait assigné l'État congolais devant la juridiction du travail pour avoir manqué à son obligation de faire ;

Que pendant plusieurs années, l'État congolais n'avait pas payé à l'intéressé la prime de bonne séparation, résultant d'un protocole d'accord entre l'État congolais et les ex-travailleurs d'Hydro-Congo ;

Que cet accord prévoyait la reconversion et la réinsertion socioprofessionnelle ;

Que l'État congolais était resté inactif, insensible à ses engagements pris de bonne foi ;

Que la juridiction compétente avait condamné l'État congolais, pris en la personne de monsieur le Garde des sceaux, ministre de la Justice, des Droits humains et de la Promotion des peuples autochtones à payer :

- la prime de bonne séparation ;
- les dommages-intérêts pour non-réinsertion socioprofessionnelle ;
- les dommages-intérêts pour non-paiement de la prime de bonne séparation.

Observations :

Les services de l'État congolais à travers leurs préposés foulent aux pieds les engagements librement consentis ; ce qui laisse constamment les partenaires perplexes et mettent les conseils en difficulté pendant le déroulement des procès ;

Que le respect des engagements est un principe majeur en matière d'obligations prévues à l'article 1134 du code civil : « les conventions légalement formées tiennent lieu de loi, à l'égard de ceux qui les ont faites… ».

La nonchalance ou l'absence de perspicacité des agents commis par l'État engrange des dépenses énormes qui auraient pu être évitées.

L'État n'est qu'une entité morale qui s'exprime à travers ses commettants dont certains manquent un sens d'obligations et de devoir bien fait. L'intérêt général qui devrait être le leitmotiv de tout agent public s'effrite de plus en plus au profit des motivations individuelles.

Dossier n°40 : **Dommages et intérêts, rappel à l'ordre d'un employeur délinquant vis-à-vis des cotisations sociales**

Attendu que la fermeture d'une entreprise pour des motifs conjoncturels, est un événement qui ne dépend pas de la volonté de l'employeur, mais d'une situation due aux fluctuations, aux aléas économiques ;

Que lorsque cette situation intervient, l'employeur a l'obligation de procéder au paiement des droits légaux et conventionnels ;

Que la fermeture d'une entreprise porte préjudice à toute la communauté salariale et à l'employeur ;

Que monsieur AKI, salarié de la société A.T, après avoir bénéficié du paiement des droits légaux et conventionnels à la Direction départementale du travail, s'est retourné contre son employeur, pour réclamer les dommages et intérêts pour licenciement abusif, en dépit du procès-verbal de conciliation qui avait été dressé par les inspecteurs de travail pour matérialiser l'acte transactionnel ;

Qu'une transaction conclue de bonne foi ne peut être reniée par celui qui en a été bénéficiaire ;

Mais attendu qu'à cause de la perte de la clientèle, les activités de la société ont décliné ;

Que monsieur AKI ne venait que s'asseoir au bureau ;

Qu'il a fini par renoncer à l'accomplissement de son activité professionnelle ;

Qu'il est surprenant que ce dernier ait évoqué devant le tribunal du travail un licenciement verbal ;

Que cette affirmation n'est qu'une démonstration de la mauvaise foi d'un salarié qui a résolu de crucifier un employeur aux abois ;

Qu'une société fermée à cause des difficultés économiques ne peut pas être taxée d'avoir effectué un licenciement abusif, dès lors que le motif de la fermeture est la récession économique qui a conduit l'entreprise aux arrêts ;

Que par la suite, le salarié a demandé au tribunal du travail la régularisation de sa situation à la Caisse nationale de sécurité sociale, sachant que le retard de versement à la caisse s'explique par les difficultés conjoncturelles objectives ;

Que c'est à lui que revenait la charge de faire les versements.

Que dans le fonctionnement de la Caisse nationale de sécurité sociale, il existe des services chargés de rappeler à l'ordre des employeurs en retard de cotisations et de les obliger à verser leurs cotisations sociales ;

Qu'il n'appartient pas à un requérant de donner des ordres à un employeur pour régulariser le paiement des cotisations sociales.

Dans la plupart des contentieux, les salariés tirent la couverture de leur côté, même s'ils ont délibérément abandonné leur poste de travail, suite aux difficultés d'une société qui finit par fermer.

À cet effet, le tribunal du travail avait ordonné une enquête en cabinet, afin de mieux cerner les prétentions des parties et de décider avec sérénité.

Dossier n°41 : **Réclamation du paiement des droits, des salaires impayés et des dommages-intérêts**

Considérant que le contrat de travail est un engagement réciproque qui exige au salarié l'exercice de la prestation de travail sous l'autorité de l'employeur et à celui-ci la contrepartie financière, résultat du travail effectué ;

Mais attendu que le chômage économique entraine une suspension du contrat de travail au regard de l'article 47-5 du code du travail ;

Que le déclenchement de cette procédure est assujetti au respect de certaines formalités, notamment la saisine de la commission des litiges ;

Que l'employeur évoquant une difficulté économique n'a pas suivi les procédures légales et règlementaires ;

Qu'il a mis simplement un terme à l'activité professionnelle de treize travailleurs, sans leurs verser les droits liés à la rupture de leur contrat de travail, ni leur payer les salaires dus ;

Que ces salariés ont saisi le tribunal du travail pour se faire entendre ;

Que le tribunal du travail ne devrait pas avoir de difficultés pour trancher ce genre de litiges qui mettent aux prises des employeurs hors-la-loi face aux salariés victimes, incapables de se défendre seuls.

En effet, certaines personnes, sans s'entourer de précautions, créent des entreprises pour sacrifier, par la suite, les vies des travailleurs, sans lesquels ils ne tireraient pas de dividendes ;

Que les contentieux en salaire dû, des personnes qui ont régulièrement travaillé, mais impayées à cause des contre-performances des employeurs, ou des survenances des cas de force majeure ne devraient pas sacrifier les intérêts des salariés sans défense à la merci des chefs d'entreprises véreux ;

Que les salaires dus reconnus par l'employeur ne devraient pas tomber sous la menace du droit à la prescription invoquée maladroitement par certains praticiens du droit sans inspiration. Les salaires impayés restent des dettes que l'employeur est tenu de solder.

Requête du 30 octobre 2023

Dossier n°42 : Régularisation de la situation administrative

Considérant qu'un collectif de salariés avait assigné l'Office de promotion (OP) devant le tribunal du travail aux fins de régularisation de leur situation administrative et du paiement des dommages et intérêts pour préjudice subi ;

Attendu que pour une bonne opérationnalisation des activités, il avait été recruté au ministère T et mis à la disposition de l'Office de promotion, en date du 16 août 2016, un personnel pour servir dans le bureau d'informations touristiques de l'aéroport international ;

Que ce personnel bénéficiait d'un salaire de 125.000 FCFA par mois, tandis que le comptable était rémunéré à 250.000 FCFA ;

Que ce personnel avait travaillé régulièrement pendant cinq (05) ans avec deux mois de salaires restés impayés ;

Que ce personnel, préalablement payé à la main par le service comptable de la structure, était payé par la Banque postale par la suite ;

Qu'à l'issue des changements intervenus à la tête du ministère, les contrats de travail de ce personnel étaient interrompus, car la nouvelle direction leur avait demandé de rester à la maison jusqu'à nouvel ordre ;

Que plusieurs tractations avaient eu lieu avec les dirigeants ministériels pour la régularisation de la situation administrative de ces travailleurs ;

Attendu que les responsables du cabinet ministériel ont faussement attribué le statut de temporaire à ce personnel ;

Qu'un temporaire est une personne qui exécute des actes matériels sporadiques pour le compte de quelqu'un d'autre ;

Que les requérants ont travaillé sans relâche pendant cinq ans ;

Que ce personnel avait la qualité des salariés au sens de l'article 2 du code du travail ;

Que le changement ministériel ne devrait pas porter atteinte au statut juridique des requérants qui étaient recrutés verbalement par le cabinet du ministre pour servir dans le bureau d'informations touristiques à l'aéroport international ;

Qu'ils étaient liés à la structure (OP) par un contrat à durée indéterminée ;

Que le caractère abusif de leur licenciement ne pouvait pas faire de doute, l'employeur n'ayant opposé aucun motif légitime, d'où la demande de réintégration et de régularisation de la situation administrative de ces salariés à compter de la date du début de leur activité à l'OP ;

Que la décision des nouvelles autorités ministérielles par laquelle les requérants étaient mis à l'écart n'avait pas de fondement juridique ;

Que les salariés recrutés par un cabinet ministériel pour servir dans un établissement public, doivent garder leur statut de salarié, en vertu des droits acquis et en application de l'article 45 du code du travail ;

Que les nouvelles autorités ne peuvent pas se dédire pour les actes posés par leurs prédécesseurs.

Requête du 13 juillet 2023

Dossier n°43 : **Régularisation de la situation administrative**

Attendu que monsieur NTA, salarié de la Congolaise, avait assigné son employeur devant le tribunal du travail en régularisation de sa situation administrative et au paiement des dommages et intérêts ;

Que le requérant était recruté au sein de l'entreprise le 13 septembre 1999 en qualité de releveur ;

Que pendant l'année 2012, il a été affecté au service de la comptabilité sans être reclassé dans son nouveau grade d'attaché des SAF, en rapport avec son Brevet de technicien supérieur, obtenu en 2004 à l'Institut de l'administration des entreprises (IAE), option finances et comptabilité ;

Qu'à ce titre, il a formulé des réclamations à la direction générale, notamment en 2014 et en 2021, mais restées sans suite ;

Que monsieur NTA n'a jamais été reclassé en tant qu'attaché des SAF en C2, et pourtant ceux de sa promotion ayant obtenu le même diplôme ont été reclassés ;

Que le requérant est resté en M1, catégorie correspondant au niveau BAC, ce qui constitue une application inégalitaire de traitement des salariés se trouvant dans la même situation ;

Mais attendu que les textes administratifs ne doivent pas être appliqués selon l'humeur ou les accointances du chef d'entreprise ;

Que tous ceux qui se trouvent dans la même situation juridique devraient être traités de la même manière ;

Qu'aux termes de la convention, le reclassement est conditionné par une formation diplômante préalablement autorisée par le chef d'entreprise ;

Que tous ceux qui obtiendront des diplômes sans l'aval de l'employeur ne devraient pas être reclassés, afin d'éviter une application discriminatoire des principes conventionnels ;

Qu'en cas d'exception pour une poignée des travailleurs, tous ceux qui sont dans la même situation devront obtenir la même faveur.

Requête du 2 septembre 2024

Dossier n°44 : **Régularisation de la situation administrative**

Considérant qu'un salarié est une personne qui s'engage à fournir des actes matériels de nature professionnelle auprès de quelqu'un d'autre, moyennant une rémunération ;

Que cette personne peut être publique ou privée, physique ou morale, tel que défini à l'article 2 du code du travail de la République du Congo ;

Mais considérant qu'un collectif de sages-femmes avait engagé leur service pendant quatre ans au Centre hospitalier (CH) ;

Que ces derniers étaient soumis aux horaires de l'Établissement ;

Qu'ils obéissaient aux ordres de la hiérarchie ;

Qu'ils étaient payés par bulletins de paie et non par facture ;

Que l'employeur avait fixé un montant de 250.000 FCFA au titre de leur rémunération payée à date échue ;

Que cette rémunération leur était versée au même moment que tous les travailleurs du CH ;

Que pendant la durée de leur activité professionnelle, ils n'ont jamais été sanctionnés ;

Que ces derniers étaient en attente de recrutement, notamment la régularisation de leur situation professionnelle ;

Que curieusement, à la disponibilité des postes d'emploi, quatorze (14) d'entre eux ont été embauchés sur dix-neuf (19) qu'ils étaient ;

Que cinq (05) ont été abandonnés à leur triste sort, remplacés par des personnes qui n'ont jamais presté au CH, alors que les requérants ont commencé par le statut de stagiaire ;

Que devant cette injustice, le collectif des stagiaires non recrutés avait assigné le Centre hospitalier devant le tribunal du travail aux fins de remédier à cette injustice, en demandant la régularisation de leur situation administrative et des dommages-intérêts ;

Mais attendu que les requérants, considérés comme prestataires après une longue période de stage décidée par les responsables de l'établissement, étaient déjà en contrat à durée indéterminée, nonobstant le qualificatif de stagiaires qui leur était attribué par la mauvaise foi des responsables du CH qui avaient comme devoir de régulariser les situations professionnelles des dix-neuf (19) personnes faussement qualifiées prestataires ;

Que quatre (04) ans après, les responsables du CH expliquent la mise à l'écart des cinq (05) stagiaires par leurs mauvaises performances ;

Que cependant, l'on sait qu'une personne qui n'est pas à la hauteur d'une tâche ne peut pas continuer à travailler, surtout qu'il s'agit des soins hospitaliers, des maternités, où l'amateurisme n'est pas de mise ;

Que cette sélection des dix-neuf (19) stagiaires parait sans fondement, elle dénote d'une discrimination vexatoire ;

Qu'à défaut de conférer le statut de travailleur dès le début de leur activité professionnelle à ses stagiaires, le Centre hospitalier a procédé à une exploitation qui ne dit pas son nom ;

Attendu que les normes internationales du travail interdisent strictement toutes discriminations opérées sur des bases subjectives ;

Que le droit positif a prévu des périodes d'essai selon les catégories professionnelles ;

Que les périodes d'essai ne peuvent dépasser six (06) mois, toutes reconductions confondues ;

Que le stage de quatre ans (04) évoqué à l'endroit de ces stagiaires n'est qu'un leurre, une aberration ;

Que ces derniers devraient être traités en qualité de travailleurs et non de stagiaires.

Observations :

Ce dossier met en exergue, une fois de plus, le mauvais fonctionnement des services publics, où les dirigeants de ces entités contournent les principes les plus élémentaires de la gestion d'un service public. Le plus souvent, ces dirigeants mettent en mal les responsables des services publics habilités pour imposer leur considération personnelle en violant les principes juridiques.

Un individu peut-il être stagiaire pendant quatre ans et travailler dans les services techniques ? C'est dans cette optique que la responsabilité de l'État et des services publics à l'égard des tiers est facilement engagé par les juges qui ne peuvent trouver d'excuse à ces comportements couronnés de mauvaise foi.

Requête du 30 octobre 2024

Dossier n°45 : **Régularisation de la situation administrative suite à un diplôme professionnel obtenu sans l'autorisation de la hiérarchie**

Considérant qu'en République du Congo, plusieurs entreprises d'État ont recruté une catégorie de personnel à qui elles ont attribué un statut anodin, celui de tâcheron ou de temporaire, selon la nature des tâches effectuées ;

Que ce personnel est recruté sans note et payé par jour, par semaine ou à la fin du mois, en fonction des prestations effectuées ;

Que les montants payés sont déterminés par le chef d'entreprise, en la personne du directeur général ;

Mais attendu qu'il s'écoule un temps, souvent plusieurs années, entre le début d'exécution de la prestation de travail et celui du recrutement, en tant que permanent, selon la terminologie des responsables de ces entités professionnelles ;

Que monsieur MOVA a commencé son activité professionnelle à la Société nationale, le 05 mars 1977, en qualité de temporaire, comme précisé supra ;

Que le 26 octobre 2000, il était confirmé, donc recruté dans les effectifs des travailleurs permanents ;

Que ce recrutement n'a pas tenu compte du temps de travail antérieurement passé au service de la structure ;

Que ce dernier avait saisi la hiérarchie de l'entreprise pour la régularisation depuis le début de son activité professionnelle ;

Que l'employeur n'a pas tenu compte de ses réclamations, et pourtant, certaines personnes qui se trouvaient dans une situation similaire étaient rétablies dans leurs droits ;

Qu'en 2008, le salarié avait sollicité une mise en formation pour parfaire ses compétences dans le domaine de l'électricité ;

Que l'employeur était resté muet à cette demande ;

Que le salarié s'était vu obligé de suivre une formation professionnelle dans le domaine de sa spécialité à la société ;

Qu'a l'issue de cette formation, il avait décroché un diplôme de Baccalauréat technique, série F3, électrotechnique, obtenu en juillet 2009 ;

Que l'employeur s'est résolu de ne pas le reclasser.

Ce dossier replonge le monde professionnel dans le débat des diplômes professionnels obtenus sans autorisation de la hiérarchie, dont certains titulaires sont reclassés par le chef d'entreprise.

Dans ce contexte, est-il possible de procéder au reclassement sélectif, sans détermination des critères, lorsque l'on sait que les décisions prises sur les bases subjectives, le sont en violation des textes juridiques qui régissent la vie administrative ?

Se pose aussi, dans ce dossier, le problème de l'ancienneté des travailleurs qui est écourtée, lorsqu'on ne tient compte que de la date de leur confirmation dans l'entreprise.

Dans cette espèce, l'employeur est tenu de prendre en compte la date de début d'exercice de l'activité du travailleur et non celle de recrutement, car les vocables tâcheron et temporaire cachent une réalité plus complexe. Ils traduisent le refus de l'employeur de considérer la situation réelle des personnes qui ont œuvré pour la bonne marche de l'entreprise.

Un salarié formé en qualité de technicien par sa propre initiative et qui est utilisé dans l'entreprise par rapport à cette formation qui profite à l'entité professionnelle, avec un rendement positif, devrait être reclassé à cet effet.

Mais souvent, la juridiction compétente fait une application linéaire des prescrits des conventions collectives sans tenir compte de l'impact du rendement du salarié formé avec ses propres moyens aux résultats de l'entreprise, surtout si le refus de l'employeur de mettre le salarié en formation a été manifeste.

Requête du 2 décembre 2020

Dossier n°46 : **Régularisation de la situation administrative**

Attendu que Madame NGA a été embauchée par la SOP le 1er avril 2012 ;

Que pour parfaire sa formation, elle a été autorisée de poursuivre sa formation en date du 29 janvier 2016, par l'intérimaire de la directrice générale ;

Qu'admise à l'issue de son concours, elle est sortie d'une école de formation avec un diplôme professionnel ;

Que contre toute attente, la nouvelle directrice générale a refusé de faire droit à son reclassement, sous prétexte que l'autorisation de concourir était ambigüe, qu'elle n'était pas conforme.

Ce dossier ramène à la question de la validité des actes juridiques délivrés par un intérimaire. A cette question deux réponses s'imposent. La première viendrait de la limitation du pouvoir de l'intérimaire et la deuxième de l'exercice complet des actes posés par le titulaire.

Lorsque la note qui organise l'intérim a prévu des garde-fous à travers la limitation des dossiers à traiter, une limite d'exercice à ne pas franchir, les actes non autorisés peuvent être contestés, mais lorsque l'organisation de l'intérim n'a pas fixé des limites, les actes posés par l'intérimaire ne peuvent souffrir de contestation ;

Que la nouvelle directrice générale n'a pas produit un texte qui interdisait à l'intérimaire d'autoriser les formations. De ce point de vue, l'ambiguïté de l'autorisation de concourir n'est qu'un prétexte malicieux, visant à freiner l'évolution administrative de la salariée.

La partie adverse s'est cantonnée de soutenir la non-conformité de l'autorisation de concourir, perdant de vue que pendant la formation les stages ont été effectués à l'entreprise.

Si l'autorisation n'était pas conforme, pourquoi avoir reçu en stage une salariée avec une note douteuse ?

Que le refus de la direction générale de la SOP de changer la catégorie de madame NGA n'était pas juridiquement justifié.

Dossier n°47 : Régularisation de la situation administrative

Considérant que le changement d'employeur n'est toujours pas un évènement heureux pour certains salariés ;

Que parfois, les nouveaux chefs d'entreprise s'emploient malicieusement à écarter certains collaborateurs de leurs prédécesseurs pour des motifs inavoués ;

Que monsieur AKOU était recruté au BC par une lettre d'engagement de 3 mois pour la période allant du 6 avril au 6 juillet 2020 ;

Qu'à l'expiration de cette échéance, il a continué à travailler sans note jusqu'au 29 mars 2021, date à laquelle le deuxième contrat a été signé pour une durée d'une année (mars 2021 – mars 2022) ;

Qu'en mars 2022, il a signé un troisième contrat (mars 2022 – mars 2023) ;

Que par la suite, l'employeur a pris l'initiative de mettre un terme à l'activité professionnelle de ce salarié, avec huit mois et demi d'arriérés de salaires ;

Que le deuxième contrat avait été signé en violation des dispositions légales qui exigent que le contrat à durée déterminée ne peut être renouvelé qu'une seule fois pour une durée inférieure ou égale à la période initiale (article 32-5 du code du travail) ;

Que le premier contrat avait une durée de trois mois, tandis que les deux autres se sont étalés sur une année, au mépris de l'article précité ;

Qu'à l'expiration du premier contrat, le salarié travaillait sans note, ce qui conférait à cette relation de travail le caractère d'un contrat à durée indéterminée ;

Que les deux contrats à durée déterminée étaient nuls ;

Qu'à la rupture d'un tel contrat, les salaires, primes et indemnités doivent être versés au salarié ;

Que pourtant en prononçant le licenciement de monsieur AKOU, les arriérés des salaires restaient confisqués par l'employeur ;

Qu'il est à observer que l'employeur avait fait signer deux contrats de travail ;

Qu'à l'échéance du premier contrat de trois mois, il y avait une période d'impasse textuelle avec les deux autres contrats, ce qui juridiquement ne se justifie pas ;

Que la partie employeur s'est résignée à considérer l'activité de monsieur AKOU se déroulant pour une durée déterminée ;

Qu'il s'est résigné à justifier le licenciement de monsieur AKOU comme étant une fin de contrat à durée déterminée ;

Qu'à cause du préjudice subi, le salarié a sollicité de la juridiction compétente pour congédiement abusif la somme de trente millions de francs CFA à titre de dommages et intérêts ;

Mais, attendu que la juridiction compétente, nonobstant les tergiversations de la partie employeur, avait décidé que monsieur AKOU était lié à la société par un contrat à durée indéterminée ;

Qu'elle avait reconnu le caractère abusif du licenciement en accordant au salarié les sommes ci-après : 1.530.000 FCFA au titre de huit mois et demi d'arriérés de salaires, 1.500.000 FCFA au titre des dommages-intérêts pour licenciement abusif ;

Que le salarié n'avait pas marqué son adhésion à cette sentence pour les motivations suivantes ;

Que le tribunal du travail de Brazzaville avait reconnu le caractère abusif du licenciement prononcé par le directeur général du BC en omettant de sanctionner de façon exemplaire cette société ;

Que le tribunal du travail avait ordonné la réintégration de monsieur AKOU, malheureusement le BC s'est prononcé à l'encontre de cette décision ;

Qu'un licenciement prémédité expose le salarié aux aléas de l'existence ;

Que le BC a privé le salarié des moyens substantiels de survie, alors qu'il était en droit de continuer son activité professionnelle dans la mesure où il n'avait commis aucune faute ;

Que les droits légaux et conventionnels prévus à l'article 42 du code du travail n'ont pas été payés à monsieur AKOU ; le montant des dommages et intérêts décidé par le tribunal s'est avéré dérisoire à cause de l'étendue du préjudice subi par le salarié ; la direction générale du BC n'ayant pas accepté de régulariser la situation administrative de monsieur AKOU.

Observations :

Deux situations dans l'analyse de l'article du code du travail, lorsque le licenciement est reconnu abusif.

Le premier consiste à la réintégration du salarié ; à défaut de réintégration, le paiement des droits légaux et conventionnels assorti des dommages et intérêts en tenant compte de l'étendue du préjudice ;

Que, dans ce dossier, le directeur général de la Société s'est opposé au tribunal du travail qui avait ordonné la réintégration du travailleur et à cet effet le juge avait omis de faire bénéficier aux salariés les droits légaux et conventionnels aux termes de l'article 42 du code du travail.

Requête du 31 octobre 2015

Dossier n°48 : Responsabilité de l'employeur suite à un accident de travail lorsque le salarié n'est pas immatriculé

Attendu que la succession du salarié DIAK avait assigné la société SUN devant le tribunal du travail à cause d'un accident de travail ayant entrainé mort d'homme des suites d'une chute due à une glissade pendant qu'il était occupé au déchargement de la marchandise appartenant à la société ;

Que l'employeur s'est occupé des obsèques en versant aux ayants droit la somme d'un million cinq cent mille (1.500.000) francs CFA au lieu d'un million sept cent cinquante mille (1.750.000) francs CFA, selon l'accord intervenu entre les parties.

La société n'avait pas inscrit le travailleur à la Caisse nationale de sécurité sociale. Se pose alors la question de l'entière responsabilité de l'employeur et non de la responsabilité partagée.

Lorsque le salarié n'est pas immatriculé à la Caisse nationale de sécurité sociale, il revient à l'employeur d'endosser l'entière responsabilité des dommages qui découlent des lésions subies par un salarié.

La responsabilité de la Caisse nationale de sécurité sociale est une responsabilité dérivée du fait de l'immatriculation du travailleur, même si l'entreprise est immatriculée, la caisse décline de prendre en charge tout dommage subi par un salarié dont l'immatriculation n'a pas été effectuée ;

Que pendant le déroulement du procès, la partie adverse s'est évertuée à dénaturer le motif de l'accident en évoquant un arrêt cardiaque ayant entrainé la mort du salarié ;

Qu'en effet, quel que soit le diagnostic, tout accident intervenu par le fait ou à l'occasion du travail est un accident de travail (article 59 du code de sécurité sociale)

Que le juge social n'a pas suivi les tergiversations de la partie employeur, en condamnant la société au paiement des dommages-intérêts ;

Que la prise en charge des funérailles par l'employeur ne doit pas être confondue à l'indemnisation des ayants-droit du défunt. L'indemnisation est une réparation d'un préjudice, notamment dans le cas d'espèce la perte subie par la famille.

Qu'une autre esquive était introduite par la partie adverse qui s'évertuait à dire que le défunt n'était qu'un temporaire, il n'avait pas de contrat écrit, alors qu'il a travaillé régulièrement et sans interruption pendant plusieurs années ;

Que le tribunal avait infirmé toutes ces allégations ;

Qu'à l'issue de ce jugement, la partie adverse avait interjeté appel en refusant l'hypothèse de l'accident du travail ;

Que pour qu'il y ait un accident de travail, selon la société SUN, il faut impérativement « un fait accidentel survenu sur le lieu du travail et soit considéré comme étant à l'origine du problème de santé » ;

Qu'en raisonnant de la sorte, la partie employeur perdait de vue qu'il s'agissait d'une glissade qui avait entrainé la chute du salarié. Le lien de causalité étant établi, ces tergiversations devenaient sans fondement.

Dossier n°49 :Non-déclaration par l'employeur d'un accident de travail à la Caisse nationale de la sécurité sociale

Attendu qu'aux termes de l'article 59 du code de sécurité sociale est considéré comme accident de travail, quelle qu'en soit la cause, l'accident survenu à un travailleur par le fait ou à l'occasion du travail ;

Que l'employeur est tenu de déclarer à la Caisse nationale de sécurité sociale, dans un délai de quarante-huit heures, tout accident de travail ou toute maladie professionnelle dont sont victimes les salariés occupés dans l'entreprise ;

Qu'à la survenance de l'accident, l'employeur supporte les premiers soins en attendant l'intervention de la Caisse nationale de sécurité sociale ;

Mais attendu que madame KIBO, salariée de l'Hôtel PE, recrutée par un contrat à durée indéterminée, en qualité de cuisinière au mois d'août 2015, était tombée dans un caniveau à l'entrée de l'hôtel ;

Que le certificat médical définitif avait relevé toutes les anomalies suscitées par cette chute ;

Que cette chute ayant causé un dommage corporel est indéniablement un accident du travail ;

Que l'employeur n'avait pas déclaré cet accident, le prenant pour un fait mineur, alors qu'il n'y a pas d'accident de moindre importance ;

Que tout incident survenu dans l'entreprise à l'occasion ou par le fait du travail entrainant des lésions corporelles doit être déclaré ;

Qu'il n'y a pas de baromètre à la déclaration d'accident, ni à la prise en charge médicale ;

Que dans le cas d'espèce, l'employeur s'est intéressé à la santé du travailleur par le remboursement des frais médicaux une semaine après ;

Qu'en l'absence de la saisine par l'employeur, des services de la sécurité sociale, ce dernier supporte la totalité des charges résultant de l'accident ;

Qu'à cause de cette négligence, la salariée a assigné son employeur au paiement des dommages et intérêts ;

Qu'il y a des affections qui ont des impacts prolongés sur la santé des travailleurs ;

Que tout employeur devrait surveiller l'état de santé d'un salarié accidenté jusqu'à la guérison.

Dossier n°50 :Prise en charge médicale après un licenciement

Considérant qu'en raison de la dangerosité des emplois occupés, des risques auxquels ils sont exposés, certains salariés peuvent pendant longtemps trainer des séquelles liées à leur activité professionnelle, même après la rupture de leur contrat de travail ;

Que dans ces conditions, l'employeur ne saurait se soustraire aux conséquences éventuelles suscitées par l'exécution du contrat de travail ;

Que fort de cette considération, monsieur BOKI, salarié protégé de la société MOK, avait été licencié après l'autorisation accordée par la commission des litiges en date du 30 mai 2023 ;

Que ce salarié était exposé aux déchets biomédicaux dont il était gestionnaire ;

Qu'il avait été décidé de commun accord que la société MOK s'engage à prendre la responsabilité du bilan médical du salarié ;

Que la société ne s'est pas exécutée ;

Que le salarié a attrait l'employeur devant le tribunal du travail, en réclamation des dommages et intérêts pour préjudice moral et médical subi ;

Que le licenciement pour faute lourde d'un salarié victime des affections liées à l'exécution de son contrat de travail, ne dispense pas le chef d'entreprise de se débarrasser ou de se soustraire aux conséquences découlant de l'activité professionnelle ;

Que l'employeur continuera à apporter les soins au salarié jusqu'à sa guérison.

Dossier n°51 : **Contrainte de rester à domicile sans salaire, non-jouissance des congés payés, réduction des salaires**

Attendu qu'un collectif des travailleurs avait saisi le tribunal de travail pour dénoncer le comportement de leur employeur, la société JA, qui avait réduit unilatéralement leur salaire pendant quatre (04) ans (2016-2020) ;

Que ces salariés n'ont pas bénéficié de leur droit de jouissance aux congés ;

Que pendant le COVID-19, ils étaient restés à domicile sans rémunération ;

Que le tribunal du travail avait partiellement donné un avis favorable à leur requête ; que toutefois, la demande relative au paiement des droits liés à la rupture de leurs contrats de travail ne leur était pas concédée en dehors des indemnités pour les congés dus et la délivrance des certificats de travail.

Attendu qu'aux termes de l'arrêté 1108/MTSS/DGT du 31 décembre 1996, les parties au contrat peuvent rechercher les solutions intermédiaires en cas de difficultés économiques pour éviter les licenciements ;

Que dans cette perspective, l'employeur avait réuni les salariés en leur proposant la réduction des salaires catégoriels pendant six (06) mois ;

Que ces derniers avaient consenti à la mesure ;

Que la situation financière de l'entreprise ne s'était pas améliorée pendant ce délai, et il y eut tacite reconduction de l'accord, car les salariés n'avaient formulé aucune réclamation à ce sujet ;

Qu'à la quatrième année, ces salariés avaient saisi les services de l'Inspection du travail, où un accord était trouvé pour le paiement de six (06) mois du tiers de salaire à chacun d'eux en guise de régularisation du chômage économique non sollicité par l'employeur ;

Que pendant cette séance, l'employeur avait évoqué les difficultés conjoncturelles et avait promis aux travailleurs de reprendre leurs activités dans les brefs délais ;

Que la majorité d'entre eux avait décliné cette main tendue du chef d'entreprise qui avait pris l'engagement de délivrer les certificats de travail à ceux qui avaient décidé de quitter l'entreprise, mais ces derniers ne s'étaient jamais présentés auprès de l'employeur pour retirer leurs documents ;

Que ces faits expliquent la position du tribunal du travail qui n'avait contraint l'employeur que de verser aux salariés les droits légaux et conventionnels, car ils avaient refusé de leur propre chef de reprendre le travail ;

Que le tribunal ne leur avait pas accordé le rappel des salaires non perçus pendant les quatre (04) ans de réduction, car la continuité de travailler pour leur employeur sans réclamer le versement des anciens salaires valait consentement.

Dossier n°52 : Paiement des primes dues

Attendu que les primes et indemnités sont des accessoires de salaires ;

Que ces éléments de rémunération viennent renforcer les avoirs du salarié ;

Qu'au salaire de base qui est un salaire catégoriel se greffent d'autres éléments, selon la nature de la prestation accomplie et des avantages qui reviennent au salarié ;

Qu'en cas de son non-paiement, le bénéficiaire est fondé à le réclamer ;

Que madame NGOUA dont le salaire principal était payé par l'État devait être bénéficiaire d'une prime de 30.000 FCFA au regard de l'immensité de la tâche qu'elle accomplissait au laboratoire ;

Que pendant plus de cinq mois, elle a suppléé à l'absence d'une collègue, d'où sa demande de paiement de cumul des primes ;

Que depuis le début de son activité à l'Association en 2019, sa prime n'a jamais été versée ;

Que la partie employeur s'est contentée de rejeter les demandes de la requérante, sans motiver le refus de paiement ;

Que le tribunal du travail a accédé à la demande de la requérante en condamnant l'employeur au paiement du montant des primes dues.

Il y a des employeurs qui rejettent délibérément les demandes des salariés fondéessoient-elles. Cette manifestation de la mauvaise foi devrait pousser le juge social à sévir davantage, afin de dissuader les employeurs malveillants.

Ces sanctions infligées aux employeurs devraient contribuer à l'amélioration du climat de travail pour une justice sociale en milieu professionnel.

Requête du 16 mai 2023

Dossier n°53 :**Non-paiement des droits du fait du refus de travailler**

Attendu que madame DIAM fait grief à son employeur de ne pas améliorer les conditions de travail, comportement qui l'a poussée à rompre unilatéralement les liens contractuels en demandant à son employeur de lui payer les droits légaux et conventionnels ;

Attendu que la pharmacie mise en cause a été victime de vols à répétition occasionnant l'arrêt des activités pendant plusieurs mois ;

Que pendant l'arrêt des activités, les travailleurs se sont plaints devant les services de l'inspection du travail, où l'employeur a été contraint de payer les salaires des mois non travaillés de façon échelonnée ;

Qu'à la réouverture de la pharmacie, madame DIAM a obligé l'employeur de lui payer la créance de salaire ;

Qu'à cause du retard de paiement, madame DIAM a arrêté unilatéralement de travailler, en dépit des rappels qui lui ont été adressés par l'employeur ;

Que cette dernière a saisi la juridiction compétente pour réclamer les droits légaux et conventionnels à son profit ;

Mais attendu que le salaire est la contrepartie du travail effectué, qu'aucun salaire n'est dû en cas d'absence (article 84-2) ;

Que les inspecteurs avaient obligé le pharmacien responsable de payer à la salariée, tous les salaires des mois qu'elle n'a pas travaillé à cause, des difficultés conjoncturelles liées aux vols perpétrés à la pharmacie ;

Que cette démarche des inspecteurs n'avait aucun fondement légal, nonobstant l'inobservation de l'article 47 sur la saisine de la commission des litiges en cas de difficultés conjoncturelles ;

Que seul le tiers du salaire devrait revenir aux salariés immobilisés en raison des vols des produits pharmaceutiques ;

Qu'à l'issue de l'échéancier accepté par le pharmacien responsable à l'inspection du travail, il y avait un début d'exécution ;

Qu'à la réouverture de la pharmacie, madame DIAM avait refusé de travailler tant que ses arriérés des salaires n'étaient pas payés ;

Que ce refus de travailler est injustifié ;

Qu'il n'est rien d'autre qu'une démission manifeste ;

Que de ce point de vue, les demandes de paiement des droits du fait du refus d'une salariée de vaquer à ses activités professionnelles ne sont pas fondées.

Dossier n°54 : Réclamation du paiement des droits

En considération de l'article 32-2-8 du Code du travail de la République du Congo ; il est interdit de conclure le contrat à durée indéterminée dans certains secteurs en raison du caractère temporaire des activités ou de leurs fréquences saisonnières ;

Que monsieur KOM embauché en qualité d'enseignant au complexe scolaire AM a assigné son employeur devant la juridiction sociale en réclamation des droits légaux et conventionnels, en raison de la rupture de son contrat de travail qu'il qualifie d'une durée indéterminée ;

Que monsieur KOM n'a pas été reconduit dans les effectifs des enseignants de l'école par son employeur ;

Que le salarié qualifie cette mise à l'écart de licenciement abusif ;

Mais attendu qu'un promoteur d'école est lié à son personnel enseignant pour une durée de neuf mois, correspondant à la période scolaire d'octobre à juin ;

Que ces enseignants sont libres dès le mois de juillet de vaquer à leurs occupations ou de postuler dans d'autres écoles ;

Que la cour suprême de la République du Congo dans un arrêt daté de l'année 2011 a dit qu'il est interdit de conclure les contrats à durée indéterminée dans le secteur privé de l'enseignement ;

Que dès lors les demandes de monsieur KOM vont à l'encontre de la voie tracée par la cour suprême du Congo, lorsqu'on sait que les arrêts de la cour suprême sont inattaquables, ils ont l'autorité de la chose jugée ;

Que le tribunal du travail n'a pas rendu une décision favorable au requérant qui pensait que son contrat était à durée indéterminée, contrairement à la spécificité introduite à l'article précité qui ne tient pas compte des reconductions des contrats à durée déterminée ;

Que peu importe le nombre de renouvellements, les contrats scolaires demeurent des contrats à durée déterminée en raison de la nature temporaire de l'activité ;

Que les contrats à durée indéterminée ne font pas naitre des périodes de carence, notamment de juillet à septembre où l'activité scolaire est interrompue ; la rémunération des enseignants qui travaillent dans les écoles où la quasi-totalité ne vivent que des frais d'écolage n'est pas versé pendant la période des vacances.

Dossier n°55 : **Réclamations des dommages et intérêt pour licenciement déguisé**

Attendu que suite aux pressions et aux humiliations endurées par monsieur BANTSI, salarié des établissements BON pendant deux ans et dix mois, ce dernier était contraint à la démission ; qu'à travers ses conseils, il avait saisi le tribunal du travail pour voir condamner son employeur :

- à la régularisation de ses salaires ;
- au remboursement des cotisations sociales ;
- au paiement des dommages et intérêts.

Que le tribunal avait reconnu que la rupture intervenue du fait des multiples humiliations et injures que l'employeur infligeait au salarié était un licenciement déguisé ;

Que le tribunal avait en outre signifié que, au sens des articles 22 et 182 du code de sécurité sociale, le requérant n'a pas qualité pour demander le remboursement des cotisations sociales à son profit ;

Que seuls les dommages et intérêts pour non immatriculation à la CNSS lui étaient accordés.

Observations :

Le licenciement déguisé reconnu par le tribunal du travail n'a eu aucun effet sur la demande du salarié. Aucun dommage-intérêt ne lui a été consenti à ce titre, et pourtant, du fait de la perte d'emploi, le salarié a subi un préjudice irréfutable.

L'absence de condamnation en dommages et intérêts suite à un licenciement déguisé, reconnu par la juridiction compétente, est un manquement du juge qui a minimisé l'étendue du préjudice subi par le salarié suite à la perte de l'emploi.

Il a été signifié par la partie requérante que monsieur BANTSI n'était pas immatriculé à la CNSS, en dépit des prélèvements sur salaire opérées par l'employeur au titre des cotisations sociales. Ces prélèvements indus qui n'avaient pas de destination dans la mesure où le salarié n'était pas immatriculé à la CNSS, devraient être restitués au salarié assortis des dommages-intérêts. A ce titre, les articles 22 et 182 du code de sécurité sociale évoqués par le juge social sont inopérants dans cette espèce. Ses dispositions concernent les salariés immatriculés au sens de l'article 3 du code de sécurité sociale.

Dossier n°56 : **Séparation par mutuel consentement**

Considérant que l'article 39 du code du travail donne la possibilité aux parties liées par un contrat à durée indéterminée de se séparer par un mutuel accord ;

Mais cette disposition, par le biais de l'arrêté 1.108 MTSS/DGT, précise que seul le consentement licite du salarié est requis dans ce genre de transaction ;

Que l'initiative de la rupture par mutuel consentement appartient à l'employeur qui décide pour quelque raison que ce soit de se séparer du salarié ;

C'est le seul mode de rupture du contrat qui prévoit une prime de départ pour compenser le chômage éventuel auquel le salarié sera exposé ;

Mais attendu qu'en date du 11 mai 2022, monsieur MASSA a adressé une correspondance à son employeur pour solliciter une séparation par mutuel consentement pour des raisons suivantes : climat social délétère, antipathie de l'employeur, harcèlement ;

Que deux jours après le dépôt de la correspondance, l'employeur a libéré le salarié en lui payant les droits légaux et conventionnels sans lui verser la prime de départ, ce qui a poussé monsieur MASSA, l'initiateur de la rupture du contrat de travail, à solliciter auprès du Tribunal du travail la prime de bonne séparation, le certificat de travail ;

Mais attendu que, dans la procédure de séparation par mutuel consentement, un protocole d'accord est établi en interne par les parties qui ont accepté de rompre mutuellement le contrat ;

Que dans le cas d'espèce, le protocole d'accord n'avait pas été établi ;

Que les parties n'avaient pas saisi l'inspecteur du travail pour vérifier la conformité du protocole ;

Que cette rupture initiée par monsieur MASSA ne revêt pas le caractère d'un départ négocié ;

Que les demandes en paiement de la prime de bonne séparation et des dommages intérêts y relatifs formulées par le requérant ne sont pas légalement fondées ;

Que toutefois, l'omission par l'employeur de délivrer le certificat de travail aux termes de l'article 46 du code du travail, devrait être réparée au titre des dommages et intérêts.

Plusieurs personnes pensent que l'initiative de la séparation par mutuel consentement appartient concomitamment à l'employeur et aux salariés ;

Qu'un employeur n'est pas contraint d'adhérer aux prétentions d'un salarié qui veut rompre son contrat de travail pour des motifs qui lui sont propres ;

Que le refus de l'employeur dans ce contexte n'a aucun caractère préjudiciable pour le salarié qui ne peut se prévaloir de sa propre turpitude ;

Que cet employeur qui a accepté de payer les droits légaux et conventionnels a un salarié qui a voulu quitter unilatéralement l'entreprise n'a pas été de mauvaise foi.

Dossier n°57 : **Séparation par mutuel consentement**

Considérant qu'aux termes de l'arrêté 1108/MTSS/DGTSS, seul le consentement licite du salarié est requis ;

Que cette disposition implique l'intervention de l'inspecteur du travail pour vérifier la licéité du consentement ;

Mais attendu que le propriétaire de la Librairie Papeterie Presse X, plus d'une année après l'embauche de son salarié, évoquant les difficultés économiques, avait proposé au travailleur deux options :

- Le départ volontaire
- La diminution du salaire de 15 à 25%

Que le salarié avait choisi la première option ;

Que l'employeur n'a jamais négocié un protocole d'accord avec le salarié afin de matérialiser sa proposition ;

Qu'à cet effet, le salarié avait saisi le tribunal de travail pour dénoncer la violation des dispositions de l'article 39, alinéa 4 et 9 sur le départ négocié, car une séparation par mutuel consentement qui n'a pas requis le visa de l'inspecteur du travail est nulle ;

Qu'une telle rupture du contrat, intervenue en l'absence d'une faute du salarié, mais plutôt par une volonté expresse de l'employeur évoquant des difficultés économiques, revêt un caractère abusif ;

Que la deuxième option proposée au salarié sur la diminution du salaire ne peut être valable qu'avec l'accord du salarié ;

Que le salarié a réfuté cette option ;

Que la diminution de salaire pouvant intervenir dans ces conditions s'analyse comme étant une modification substantielle du contrat de travail ;

Qu'une rupture pouvant intervenir dans ces conditions, du fait de l'employeur, est passible d'un paiement des dommages intérêts au profit du salarié.

Dossier n°58 : **Chômage économique**

Attendu que le chômage économique est une mesure qui suspend le contrat de travail selon les dispositions prévues des articles 47 alinéas 9, 10 et 11 du code du travail : « l'employeur qui désire mettre son personnel en chômage économique est tenu de saisir immédiatement après avis des partenaires sociaux au sein de l'entreprise, le directeur régional du travail du ressort, qui après avoir vérifié la réalité des faits ou causes justificatives de la suspension convoque la commission des litiges dans un délai de 10 jours maximum. » ;

Que la mesure du chômage économique ne peut être verbale ;

Qu'elle ne peut être évoquée pour masquer la mise à l'écart d'un travailleur gênant ;

Que monsieur NTO a été maintenu en chômage économique pendant trois années consécutives en violation des prescrits du code du travail ;

Que la durée légale du chômage économique est de trois mois renouvelable une fois ;

Que pendant cette période, le salarié perçoit le tiers de son salaire catégoriel ;

Que la durée de trois ans imposée à monsieur NTO est un abus de droit passible de dommages et intérêts au profit du salarié qui était seul à pouvoir rester à la maison pour des raisons économiques ;

Que c'était une décision ciblée sur l'intéressé.

Dossier n°59 :Défaut d'immatriculation

Attendu que les prescrits du Code de sécurité sociale de la République du Congo obligent tout employeur à immatriculer les salariés, les appentis, les stagiaires, quinze jours après la conclusion des contrats ;

Que l'immatriculation est une obligation sociale qui permet de venir en aide à tout salarié, victime d'une maladie professionnelle, d'un accident du travail ou d'une maladie nécessitant une prise en charge médicale ;

Que cette obligation permet à un salarié qui a fait valoir ses droits à la retraite de bénéficier d'une pension qui va le soutenir pendant ses derniers jours ;

Que le non-respect de cette obligation emporte des conséquences sociales néfastes au détriment du salarié ;

Que pire encore, certains employeurs prélèvent une fraction de salaire mensuellement à leurs travailleurs pour le compte de la sécurité sociale ; sans pour autant la reverserà la Caisse nationale de sécurité sociale ;

Que ce préjudice nécessite une réparation, selon les prescrits de l'article 1382 (ancien) du code civil qui dispose que : « tout fait quelconque de l'homme qui cause un dommage à autrui, oblige celui par la faute duquel il est arrivé à le réparer » ;

Que du constat énoncé supra, monsieur MIAK, ex-décisionnaire de la Caisse de retraite des fonctionnaires, après trente ans d'activités avait reçu une fin de non-recevoir devant les services de la Caisse nationale de sécurité sociale pour non versement de prestations par l'employeur à la CNSS, alors que le salaire du travailleur subissait des prélèvements ;

Que ces situations provoquent un déséquilibre important au salarié retraité qui manque de ressources et d'accompagnement ;

Que la juridiction compétente punit sévèrement les employeurs qui entretiennent ce genre de pratiques au paiement des dommages et intérêts importants.

Dossier n°60 :Rixe entre employés

Attendu que la plupart des règlements intérieurs considèrent les rixes comme des comportements constitutifs de faute lourde;

Que monsieur MOUTSOU était recruté à l'Hôtel P en qualité de serveur ;

Qu'en date du 17 juillet 2022, il a été agressé par son collègue de service qui lui avait promis une raclée quelques jours auparavant ;

Qu'avant cette agression, il l'avait attendu la veille après le service ; heureusement, monsieur MOUTSOU avait changé d'itinéraire ;

Qu'en date du sept juillet 2022, pendant qu'il était sur le point d'émarger sur le cahier de présence, son protagoniste l'avait arraché avec brutalité ;

Que ce dernier avait réagi en lui demandant simplement d'être poli ;

Que cette réponse avait poussé son protagoniste à l'agresser ;

Que le vigil qui s'était interposé entre les bagarreurs avait encaissé un coup ;

Qu'à cause de cette bagarre, les vitres de la porte de l'Hôtel étaient cassées ;

Que le responsable de l'hôtel avait fait payer la vitre cassée en faisant des retenues sur salaire ;

Que les menaces proférées à l'égard de monsieur MOUTSOU étaient connues des responsables de l'Hôtel qui, après avoir suspendu le contrat de monsieur MOUTSOU, lui avaient notifié la faute lourde ;

Qu'après la notification du licenciement, le responsable des ressources humaines avait demandé à monsieur MOUTSOU de présenter les excuses pour qu'il reprenne le travail ;

Que le Directeur de l'Hôtel est resté indifférent sur cette situation ;

Que pour défendre ses intérêts, monsieur MOUTSOU a saisi le tribunal du travail de Brazzaville, s'estimant abusivement licencié.

Ce dossier renseigne sur les cas de désordre, de bagarre occasionnée par les actes de provocations répétés d'un salarié à l'endroit d'un autre.

Un salarié qui a répondu à une bagarre déclenchée par un collègue peut-il être sanctionné avec la même rigueur que le provocateur ?

Les règlements intérieurs ne précisent pas qu'en cas de rixe, lequel du provocateur et de celui qui répond à la bagarre doit écoper d'une sanction sévère. En cas de rixe, tous les salariés sont fautifs et commettent un comportement constitutif de faute lourde, privative du paiement des droits légaux et conventionnels ;

Que les demandes de monsieur MOUTSOU dans cette affaire sont loin d'être accordées par le tribunal.

Dossier n°61 :Convention transactionnelle

Attendu qu'une convention transactionnelle est une entente, un accord conclu par les parties pour négocier, résoudre à l'amiable leurs différends ;

Que cette convention n'est pas un contrat d'adhésion, elle requiert le consentement de la partie opposée ;

Que mademoiselle NTELO avait été embauchée verbalement par la société F.G en qualité d'assistante d'exploitation ;

Qu'elle faisait en même temps la facturation ;

Qu'elle accomplissait deux tâches professionnelles dans les mauvaises conditions de travail ;

Qu'elle était rémunérée à la main ;

Qu'après six ans d'activité, l'employeur avait décidé unilatéralement de rompre le contrat en imposant au travailleur des sommes d'argent à travers un document intitulé Convention transactionnelle d'indemnisation ;

Qu'une convention ne peut pas être le fait de l'employeur seul ;

Que le responsable de la société F.G, sans procéder au calcul des droits légaux et conventionnels, voulait payer au travailleur les sommes d'argent décidées de son propre chef, perdant de vue qu'en dehors de l'accord exprès exprimé par le salarié, aucun paiement ne peut être effectué.

Dossier n°62 : **Le non-paiement des salaires**

Considérant qu'en vertu du contrat de travail qui le lie avec le salarié, l'employeur est assujetti à plusieurs obligations, dont la non-observation l'expose au paiement des dommages et intérêts ;

Qu'en vertu de ce constat, monsieur NZE avait été embauché par la Société C, en qualité de technicien de maintenance ;

Que les deux parties s'étaient convenues d'une rémunération mensuelle de 138.794 FCFA ;

Que tout le temps de l'exécution de ce contrat, l'employeur n'a jamais versé la rémunération convenue au salarié ;

Que le paiement s'est fait de façon épisodique, en foulant au pied le principe de la mensualité des salaires ;

Qu'à l'issue de plusieurs réclamations, l'employeur n'a jamais régularisé la situation salariale de monsieur

NZEqui s'est retrouvé avec plusieurs mois d'arriérés de salaires, alors que ce dernier s'acquittait inlassablement de sa prestation de travail ;

Que le salaire est la contrepartie du travail effectué par un travailleur ;

Que son paiement n'est pas négociable en vertu de son caractère alimentaire ;

Que cette situation a conduit monsieur NZE à saisir le Tribunal du travail pour entrer en possession de son dû.

Ce dossier renseigne sur l'insolvabilité de certains employeurs qui s'enrichissent au détriment des personnes qui engagent leur force afin de survivre.

Le tribunal devrait prononcer des sanctions sévères à l'endroit de ces chefs d'entreprises qui ne manifestent aucune inquiétude en affamant plusieurs familles dépourvues de ressources par leur fait.

Dossier n°63 : **Dépassement du terme d'un contrat à durée déterminée**

Considérant qu'en vertu de l'article 32-5 du code du travail, un contrat à durée déterminée ne peut être renouvelé qu'une seule fois, nonobstant la volonté des parties ;

Que tout dépassement du terme après le renouvellement lui confère un caractère à durée indéterminée ;

Que Dame HOM a vu le terme de son deuxième contrat dépassé d'un jour ;

Que l'employeur a mis un terme à son contrat à durée indéterminée, sans notification d'une lettre de fin de contrat, ni certificat de travail, ni solde de tout compte.

Observations :

Le contrat à durée déterminée est un contrat généralement de date à date avec un terme précis ou imprécis ;

Que le changement de la nature du contrat à l'issue du dépassement du terme est du domaine de la loi ;

Que ce dépassement ne tient pas compte du nombre de jours ;

Que tout dépassement de terme confère automatiquement au contrat à durée déterminée déjà renouvelé une autre nature qui a pour conséquence la poursuite des liens contractuels ou le paiement des droits liés à la rupture du contrat de travail, assorti des dommages et intérêts.

Dossier n°64 : **Interruption fantaisiste d'un contrat à durée déterminée**

Ce dossier amené devant le tribunal du travail pose le problème de la reconduction des contrats à durée déterminée, plus d'une fois en violation de l'article 32-5 du code du travail ;

Que monsieur MBO après avoir travaillé pendant quatre ans en contrat à durée déterminée, le directeur général de la Société a procédé au changement de lieu de travail ;

Qu'arrivé dans le site, le poste a été indisponible et il a été demandé au salarié d'attendre à son domicile la libération du poste disponible ;

Que ce dernier s'est interrogé sur la nature de son contrat, dès lors qu'il est resté à la maison sans être rémunéré, sans compter les deux mois d'arriérés de salaires qui lui étaient dus.

Ce dossier laisse apparaitre la mauvaise foi des employeurs qui procèdent à la brusque rupture des contrats renouvelés plusieurs fois au détriment des salariés qui, sur le plan social, restent désemparés, dépourvus des ressources.

La juridiction compétente devrait frapper avec sévérité ces comportements qui s'inscrivent sciemment en violation de la réglementation en vigueur.

A l'issue de l'exercice de son activité professionnelle, pendant quatre ans, l'employeur devait quatre mois de salaire à monsieur MBO;

Que le chef d'entreprise n'avait soldé que deux mois de salaire, oubliant que la rémunération du salarié a un caractère social. Et aucun contrat à durée déterminée ne peut s'étendre sur quatre ans.

Requête du 2 novembre 2011

Dossier n°65 : Contestation de classement à l'embauche

Attendu que les conventions collectives ouvrent la possibilité à tout salarié qui s'estime léser de réclamer la régularisation de son classement à l'embauche ;

Que monsieur ONGA, recruté à la Société nationale (SN), devenue la Congolaise (LC), a été reclassé à la catégorie C2 au lieu de la catégorie C1, réservée pour les ingénieurs ;

Qu'il est titulaire d'un diplôme d'ingénieur des travaux statistiques ;

Qu'il a saisi son employeur à maintes reprises pour corriger l'erreur de classement commise à l'embauche ;

Que l'employeur ne lui a jamais donné une suite favorable, malgré les multiples démarches menées à ce sujet.

Observations :

Généralement, les salariés sont recrutés en tenant compte de la disponibilité des postes d'emplois et non par rapport aux diplômes ;

Que plusieurs réclamations naissent dans les entreprises où les salariés ayant été classés à des emplois réservés à ceux qui ont des diplômes inférieurs alors qu'ils avaient accepté de travailler dans ces conditions et signé le contrat de travail.

Il s'agit alors de voir le contexte de ces embauches, les attentes de l'employeur et la composition du dossier du requérant au recrutement ;

Que si à l'embauche le salarié qui a un diplôme élevé avait accepté de s'engager au service de son employeur pour exercer une tache qui ne correspond pas à sa qualification professionnelle, ce dernier ne serait pas en droit *a posteriori* de réclamer un classement à une catégorie supérieure. Mais si le contrat indique la qualification qui ne correspond pas à la catégorie du salarié, ce dernier serait fondé à exiger son reclassement.

Dossier n°66 : **Refus de paiement des droits**

Attendu que le salaire est la contrepartie du travail effectué ;

Que le contrat de travail ne peut être rompu qu'en observant certaines procédures, notamment l'observation du préavis et l'indication du motif justifiant la mesure ;

Que le licenciement pour motif économique est assujetti au respect d'une procédure de forme, commandant préalablement la saisine de la commission des litiges qui, après enquête, se prononce sur la mesure ;

Que Dames BEN et LOUM avaient saisi le tribunal du travail pour entrer en possession des droits légaux et conventionnels et des dommages intérêts au motif que leur employeur avait procédé à la réduction unilatérale des salaires, alors que le salaire est un élément fondamental du contrat de travail qui ne peut être revu que de façon consensuelle ;

Que l'employeur avait refusé de payer les droits légaux et conventionnels des salariés calculés à la Direction départementale du travail de Brazzaville ;

Qu'un droit se défend ;

Que l'absence de saisine de la commission des litiges rend nul le motif évoqué par l'employeur, dès lors que l'enquête des services de la Direction départementale du travail n'a pas été réalisée ;

Qu'un licenciement intervenu dans ces conditions est abusif ;

Que dans ce genre de dossier, la juridiction compétente devrait aisément déceler la malveillance de l''employeur, car le non-respect des règles procédurales entache la prétention du motif évoqué par l'employeur pour justifier le licenciement du travailleur.

Dossier n°67 : Cessation de contrat due à l'âge légal d'admission à la retraite, transaction en violation des textes

Considérant que l'âge d'admission à la retraite est précisé par les textes légaux et règlementaires ;

Que les conventions collectives obligent l'employeur de notifier à l'avance, par un préavis donné six mois avant la date butoir d'admission à la retraite ;

Que la société ZHEN avait mis brusquement un terme à l'activité professionnelle d'un salarié qui a travaillé quatorze ans et sept mois, au motif qu'il n'avait plus l'âge de travailler et que ce salarié devrait être remplacé par un jeune ;

Qu'en contrepartie, l'employeur avait proposé au salarié un montant forfaitaire de 350.000 FCFA que ce dernier avait accepté de prendre ;

Qu'ultérieurement, le salarié a contesté ce montant ;

Que la question est de savoir, si un salarié qui a consenti de prendre une somme d'argent sur proposition de son employeur est fondé à contester la transaction, dès lors qu'un accord transactionnel lie les parties ;

Qu'il est important de souligner dans le cas d'espèce, que l''employeur ne s'est pas référé à la convention collective pour fixer le montant de 350.000 FCFA ;

Que cette transaction s'est opérée en violation des textes qui régissent la matière ;

Qu'une transaction effectuée en violation des textes établis est nulle ;

Que le salarié s'est rendu compte par la suite qu'il avait été dupé par un employeur qui n'était pas de bonne foi ;

Qu'une telle transaction est léonine, d'autant que le travailleur n'avait jamais joui de son congé ;

Que la juridiction compétente devrait condamner l'employeur au paiement des droits acquis : notamment l'allocation congé, l'indemnité de départ à la retraite et le paiement des droits légaux et conventionnels pour la période de travail au-delà de l'âge limite d'admission à la retraite, car une transaction négociée en violation des dispositions légales est nulle.

Dossier n°68 : **Licenciement pour soupçon de vol**

Considérant que le vol s'entend comme étant la soustraction frauduleuse de la chose appartenant à autrui ;

Que si le voleur n'a pas été pris en flagrant délit, des indices suffisants doivent justifier sa culpabilité ;

Qu'en pareil cas, le règlement intérieur devrait justifier la décision de l'employeur ;

Que la société ZHEN avait conduit nuitamment devant les services de police un salarié qui aurait subtilisé la somme de cent cinquante mille francs CFA, sur les six cent mille déposés par l'employeur dans sa cachette ;

Que les enquêtes de police ont été infructueuses, elles n'ont pas établi l'acte de vol perpétré par le salarié qui était par la suite relaxé ;

Que l'employeur a maintenu sa décision de ne plus voir le salarié accéder dans ses locaux ;

Que cette décision était verbale ;

Que dire alors de cette rupture du contrat de travail intervenue, alors que la matérialité du vol n'a pas été prouvée ;

Que dans ces conditions, le caractère abusif de licenciement devrait être confirmé par la juridiction compétente au regard des justificatifs apportés par l'accusateur qu'est l'employeur ;

Que ce type de licenciement sans preuve devrait être assorti du paiement des droits légaux et conventionnels, assorti des dommages et intérêts pour licenciement abusif et des dommages et intérêts pour non remise du certificat de travail.

Dossier n°69 :Du dilatoire

Attendu que pour vouloir échapper à leur turpitude pour non-respect de la loi, les employeurs, à travers leurs conseils, exhibent souvent les règles du code de procédure civile, commerciale, administrative et financière ;

Que ce manège apparait dans le litige qui opposait monsieur MPA à son employeur ;

Que monsieur MPA s'était plaint devant le tribunal du travail au motif qu'il avait été licencié pour avoir formulé des réclamations relatives au paiement de ses arriérés de salaires et de sa prime d'ancienneté ;

Qu'il a travaillé au service de son employeur pendant quatre ans sans contrat écrit ni bulletins de paie ;

Que pendant la procédure, la partie employeur a soulevé une exception de communication de pièces ;

Qu'elle sollicitait que le requérant communique les contrats de travail le liant à son employeur, les bulletins de paie pouvant établir l'existence d'une relation professionnelle.

Et pourtant, l'employeur dans sa pratique, savait pertinemment qu'il n'avait pas formalisé le contrat de travail, ni remis les bulletins de paie ;

Que le salarié avait comme seul instrument de preuve son badge ;

Que le conseil de l'employeur s'est attardé sur des subtilités en demandant au tribunal la nullité de la procédure, en se référant à l'article 33 du code de procédure civile, commerciale et financière en raison de ce que la requête ne comportait pas l'objet de la demande en justice ;

Que le tribunal du travail a balayé d'un revers de la main les allégations de la partie employeur en se fondant sur l'article 190 du code sus cité : « aucun acte de procédure ne peut être nul pour vice de forme, si la nullité n'en est expressément prévue par la loi » ;

Que l'article 191 du même code renchérit que « la nullité ne peut être prononcée qu'à charge, pour la partie qui l'invoque, d'établir le préjudice que l'irrégularité lui a causé » ;

Que le juge a conclu qu'aucun texte ne prévoit la nullité de la requête pour absence d'objet ;

Qu'en outre, l'employeur n'a apporté aucunement la preuve du préjudice que lui aurait causé l'irrégularité de la requête qu'il invoque ;

Que fort de ces deux observations, le tribunal a fait droit à la demande du requérant contestée par l'employeur ;

Que le tribunal a enjoint la partie employeur de présenter ses moyens de défense au fond ;

Que dans l'optique d'enliser les procédures, les avocats utilisent comme subterfuge les règles de formes en sachant pertinemment que leur client est en erreur.

À cause du manque ou d'insuffisance d'arguments, les employeurs ou leurs représentants s'accrochent sur les règles de forme pour éluder le fond des problèmes.

C'est ici l'occasion de mettre en évidence le mérite des juges et leur clairvoyance pour annihiler la malveillance de plusieurs employeurs, dont l'objectif principal est de léser les salariés qui ont contribué à l'éclosion de leur activité.

Dossier n°70 : **Du dilatoire**

Attendu que la défense est un droit reconnu à toute personne en conflit ;

Que le rôle d'un conseil consiste à orienter un client dont il défend les intérêts ;

Qu'il est une pratique constante pour les avocats d'évoquer l'article 180 du code de procédure civile, commerciale, administrative et financière pour exiger de la partie adverse la communication des pièces avant la poursuite de la procédure ;

Qu'il a été constaté que les pièces exigées par les conseils ont été fournies dans le dossier par la partie demanderesse ;

Que monsieur MASS qui a attrait la société AVE devant le Tribunal du travail s'estimant abusivement licencié avait remis dans le dossier le contrat de travail, le procès-verbal de non-conciliation rédigé par les inspecteurs du travail ;

Que pour bloquer la procédure le conseil de l'employeur a exigé préalablement la communication des pièces pour motif que le requérant alléguait avoir été embauché par un contrat de travail à durée indéterminée nonobstant la production des pièces au dossier ;

Que la preuve de la conclusion d'un contrat de travail demandée par l'avocat était dénué de tout fondement juridique, lorsqu'il est établi que, pour ce genre de contrat, la preuve peu se faire par tout moyen ;

Que tous contrats non écrits, dont le terme a été dépassé (en cas des contrats à durée déterminée), revêtent un caractère à durée indéterminée).

Que le conseil de l'employeur estimait que sans la production des pièces l'affaire devrait rester en l'état ;

Que le tribunal a décelé la mauvaise foi de la partie employeur à travers son conseil et a déclaré sans objet l'exception de communication des pièces en enjoignant la partie employeur de conclure au fond ;

Que ce type de comportement est affiché par les conseils des employeurs dans le souci de retarder les procédures, lorsqu'ils estiment que leur client n'a pas la marge de manœuvre pour renverser les prétentions des requérants.

Les conseils en mal d'arguments s'arc-boutent derrière l'exception de communication des pièces qui est devenue leur arme de prédilection.

Mais, le tribunal décèle aisément ce genre de malice pour obliger la partie employeur d'entrer dans le vif du procès.

Dossier n°71 : **Du dilatoire**

Attendu que dans le déroulement des procédures, les parties usent de plusieurs subterfuges tendant parfois à induire le juge en erreur.

Que ces différents artifices sont le plus souvent mis en œuvre par les conseils qui, à bout d'arguments, œuvrent pour le blocage des procédures ;

Que madame MONGO avait assigné son employeur devant la juridiction sociale pour licenciement abusif et en paiement des dommages et intérêts ;

Qu'à la suite de plusieurs reports, la partie adverse n'a fait qu'user d'alibis pour maintenir le dossier en conciliation, s'abstenant de conclure au fond ;

Que, dans son argumentaire, la partie employeur avait évoqué le changement du chef d'entreprise pour justifier le maintien du dossier en conciliation ;

Que le tribunal a rejeté la demande de renvoi devant le juge de conciliation sollicitée par la partie employeur.

Dans le contentieux au social, dans la quasi-totalité des litiges, ce sont les salariés qui sont demandeurs, dans la mesure où les employeurs usant de leur pouvoir de direction entretiennent l'arbitraire à leur égard.

Conscient de ne pas obtenir gain de cause devant le tribunal de travail, la partie employeur opte pour le blocage des dossiers pour le ralentissement des procédures. Ce piège tendu au juge en guise de dilatoire est souvent défait, car les employeurs sont appelés à suivre sans ambages le déroulement de la procédure ;

Qu'une procédure ne peut se cantonner à une demande réitérée pour la conciliation. Ces demandes sont souvent la manifestation de la mauvaise foi des employeurs résolus à ne pas faire droit aux salariés désabusés. Dans ces conditions, le juge actionne le mécanisme prévu à l'article 228 du code du travail, pour demander à la partie employeur de conclure au fond.

Dossier n°72 : **Du dilatoire**

Attendu que le contrat de travail est individuel ;

Qu'il est intuitu personae ;

Que de cette considération, les sanctions collectives sont interdites comme le sont les condamnations collectives ;

Qu'un groupe de travailleurs avait assigné leur employeur devant le tribunal du travail pour licenciement abusif et irrégulier, prétextant que leur mise à l'écart n'avait jamais été notifiée, ni les motifs communiqués ;

Que pendant plusieurs années, ils étaient au service de leur employeur avec les qualifications diverses ;

Que ces derniers avaient reproché à leur employeur une négligence ayant entrainé le décès de leur collègue ;

Qu'à cet effet, un climat d'agitation avait secoué l'entreprise ;

Que les meneurs et les agitateurs n'étaient pas identifiés ;

Que par la suite, l'employeur avait récupéré quatre-vingt-deux travailleurs sur les quatre cents pour reprendre le travail ;

Que pour parer à cette requête, le conseil de l'employeur avait demandé au tribunal un sursis à statuer à cause d'une procédure pénale qui était préalablement engagée contre ces travailleurs, sans apporter la liste des travailleurs impliqués ;

Que le tribunal du travail n'avait pas suivi la demande de la partie employeur, faute de preuve d'une implication pénale des requérants ;

Que le juge avait condamné par ce fait l'employeur au paiement des droits légaux et conventionnels et des dommages-intérêts pour licenciement abusif.

Plusieurs employeurs ou conseils pour décourager ou apeurer les travailleurs lésés évoquent ou engagent les procédures pénales à leur encontre, sans fondement réel.

Cette décision du tribunal du travail a le mérite de recadrer les velléités des employeurs enclins à bafouer les droits fondamentaux des salariés ;

Que de nos jours, le principe « le pénal tient le civil en l'état » n'est plus d'une applicabilité absolue. En matière sociale, le juge dissocie de plus en plus les procédures, car il est avéré que certaines affaires, conduites par les employeurs devant les procureurs ou le juge pénal, ont une essence de nuisance.

Dossier n°73 :Erreur de l'administration sur l'âge d'admission à la retraite d'un employé

Attendu que le contrat de travail perd ses effets à la date d'admission à la retraite fixée par la loi ;

Qu'une lettre de préavis est adressée au salarié avant la date échue ;

Qu'il avait été rappelé à monsieur Maxime par son employeur que son contrat de travail prendrait fin en 2022 au regard de la loi 22-2010 du 30 décembre 2010, qui fixait l'âge d'admission à la retraite des travailleurs relevant du code du travail, selon les catégories :

- 57 ans pour les manœuvres, les ouvriers et les travailleurs assimilés ;
- 60 ans pour les agents de maitrise et les cadres ;
- 65 ans pour les cadres hors catégorie.

Qu'au regard du dossier déposé par monsieur Maxime, celui-ci faisait partie de la première tranche sus énumérée, faisant valoir leurs droits à la retraite à 57 ans ;

Que courant 2018, l'employeur notifiait le départ à la retraite de monsieur Maxime en 2022, ce qui lui a permis de contracter un prêt bancaire qui devrait être remboursé jusqu'en 2019 ;

Que paradoxalement en début de l'année 2019, l'employeur a adressé un préavis de retraite fixant la date de départ à la retraite en septembre de la même année ;

Que cette contrariété de notification a emmené le salarié à saisir la juridiction compétente ;

Que manifestement, la direction de l'entreprise avait commis une erreur sur la date de départ à la retraite de l'intéressé.

Cette erreur de date peut-elle faire qualifier la rupture de ce contrat de licenciement abusif ?

Que la juridiction compétente n'a pas suivi le salarié dans sa demande ;

Que l'erreur de notification n'est pas un acquis pour le travailleur, qu'elle ne saurait proroger la date d'admission à la retraite de monsieur Maxime ;

Que toutefois, la juridiction compétente avait décelé au vu des pièces versées au dossier que le salarié n'était pas payé conformément à sa catégorie professionnelle ;

Qu'elle avait décidé de faire payer à l'employeur le différentiel du salaire catégoriel, les prélèvements indus sur le salaire du requérant et avait enjoint le chef d'entreprise au paiement du reste de crédit, car celui-ci avait été contracté par rapport au dossier fourni par l'employeur indiquant la date d'admission à la retraite en 2022 au lieu de 2019 ;

Que cette erreur de l'employeur avait amené la banque à concéder le prêt ;

En vertu de son contrat de travail, chaque salarié est censé connaitre sa date d'admission à la retraite, selon sa catégorie professionnelle. Plusieurs salariés profitent des erreurs matérielles de l'administration pour vouloir proroger leur date d'admission à la retraite.

Dans le cas d'espèce, le tribunal a su concilier les intérêts du salarié à travers le paiement des écarts des salaires non payés et en allégeant la dette à l'égard de la banque, car ce dernier s'est retrouvé sans ressources étant admis à la retraite en 2019 au lieu de 2022, c'est par mesure sociale que le tribunal a obligé l'employeur de payer le reste du prêt consenti par le salarié.

Dossier n°74 :Nécessité d'une enquête en cabinet pour éclairage

Attendu qu'un juge saisi par l'une des parties en conflit doit s'entourer de toutes les informations nécessaires pour se prononcer sereinement sur un dossier ;

Que la procédure sociale dispose qu'en cas de nécessité, conformément aux dispositions des articles 140 du Code de procédure civile, commerciale administrative et financière et 228 du code du travail, le juge ordonne d'office une enquête en cabinet, afin d'auditionner les parties et tout sachant sur les circonstances du contrat ayant lié les parties ;

Que monsieur DOG avait assigné son employeur, la société RD, pour licenciement abusif ;

Qu'il a accusé son employeur de harcèlement, justifié par plusieurs sanctions arbitraires avec l'arrivée du nouveau directeur général, alors que l'employeur lui reproche plusieurs griefs, notamment : le refus manifeste d'obéir aux ordres de la hiérarchie, le manque de respect à l'égard des dirigeants de l'hôtel et l'insubordination caractérisée ;

Que le salarié a produit au dossier plusieurs pièces pour justifier son argumentaire ;

Que liés par un contrat à durée déterminée, il a sollicité du tribunal le paiement des mois restants ;

Que le contrat du requérant a été renouvelé plus d'une fois ;

Que pour mieux cerner l'enjeu du litige, le tribunal a ordonné une enquête en cabinet.

Il y a des circonstances où le dossier déposé devant le Tribunal ne permet pas au juge de se prononcer. L'audition des parties a l'avantage d'apporter un éclairage supplémentaire sur certains aspects que le dossier ne permet pas de cerner.

Dossier n°75 : **Cumul des décisions**

Attendu que dans l'organisation judiciaire congolaise, la Cour suprême est la plus haute juridiction dont les arrêts sont irrévocables et inattaquables ;

Que la Cour suprême est juge de la conformité des décisions rendues par les juridictions inférieures et les instances administratives ;

Que sur un recours de la société C devant la haute juridiction, en annulation de la décision du ministre de la Fonction publique, du Travail et de la Sécurité sociale qui annulait la décision de la commission des litiges qui autorisait le licenciement de deux travailleurs, la Cour suprême avait pris l'arrêt n°01/GCS-2024 du 11 janvier 2024, qui annulait la décision du ministre, au motif que le délai de la réclamation (trois mois à partir du rendu de la décision) n'avait pas été respecté ;

Que sur une autre saisine, des responsables syndicaux sur la même affaire, la Cour suprême s'est dédit en prononçant l'annulation de la même décision de la commission des litiges, confirmée quelques mois avant par la même juridiction, pour non-respect du droit à la défense des salariés par la commission des litiges par l'arrêt n°1233/DDT-CL-BZV du 8 avril 2019.

Observations :

Deux salariés avaient été licenciés par la société C après autorisation de la Commission des litiges qui avait reconnu des manquements d'éthique, une insubordination caractérisée à l'égard des supérieurs hiérarchiques.

Que la faute lourde des salariés était caractérisée ;

Que pendant les séances de la commission des litiges (deux réunions), les salariés régulièrement convoqués ne s'étaient pas présentés ;

Que cet aspect des choses n'était pas révélé à la cour suprême qui avait conclu au manque de respect du droit à la défense des salariés sanctionnés.

Le dilemme sur cette question consiste à savoir : quel est le sort des salariés après la deuxième décision de la Cour suprême sur le même objet, à savoir le licenciement de deux salariés protégés ?

Sur cette affaire, la première tendance conclut à la reprise des activités professionnelles par les salariés licenciés à cause d'un manquement de la commission des litiges, un organe administratif à qui il est reproché de ne pas avoir auditionné les salariés avant la prise d'une décision qui les intéressait.

Pour la deuxième tendance, la Cour suprême étant juge de droit n'a pas intimé un ordre à la société C sur la reprise du travail des deux salariés licenciés à qui était reprochée la commission d'une faute lourde, en manquant gravement du respect à un dirigeant de la structure.

D'où une autre interrogation : le manquement reproché à la commission des litiges qui est un manquement de forme peut-il remettre en cause un manquement de fond commis par les salariés ? L'erreur de forme peut- elle annuler le fond d'une affaire ? Quel est l'organe de réparation dans le cas d'espèce, la commission des litiges, régulièrement saisie par l'employeur ou la société C qui avait respecté les règles de forme en saisissant la commission des litiges avant de prononcer le licenciement des salariés fautifs ?

ANNEXES

Le congé supplémentaire, un avantage mal apprécié

Le droit au congé est réglementé aux articles 119-120 et suivants du code du travail de la République du Congo. A cet avantage acquis à l'issue d'une longue lutte des travailleurs, les conventions collectives ont prolongé la durée du congé en tenant compte de l'ancienneté des salariés.

Du calcul du congé supplémentaire

Par principe, le congé supplémentaire dérive du congé principal. Le congé principal est annuel, résultant de douze mois de travail effectif d'où le caractère annuel de l'allocation congé. Or, dans leur calcul, les inspecteurs du travail ont institué faussement une pratique qui consiste à diviser le montant des bruts des douze derniers mois par 26.

26 correspond au nombre de jours ouvrables dans le mois. Ce coefficient n'est pas correct. Il faut plutôt prendre le nombre de jours ouvrables pendant une année, soit 312.

Ainsi, pour une allocation congé de 320000, le calcul actuel donne le résultat suivant :

3200000 x4/26 : 49237

Au lieu de

320000X4/312 : 4102

De l'incidence du calcul effectué

Le calcul du congé supplémentaire tel qu'il est effectué de nos jours n'a aucun fondement juridique. Il privilégie les travailleurs au détriment des employeurs qui ont déjà beaucoup de charges.

En effet, le rôle d'un inspecteur du travail, dans l'exercice de ses fonctions, n'est pas de faire prédominer sa subjectivité dans l'appréciation des situations qui lui sont soumises. Ainsi, pendant le calcul du congé supplémentaire, il convient de revenir sur le quotient annuel de cet avantage.

Les aléas dans la gestion d'un établissement public

L'établissement public est un organe à qui l'administration a confié une mission spéciale d'intérêt général dans le domaine spécifique du mandant qui est le gouvernement à travers ses démembrements ministériels.

Dans la gestion au quotidien de cette entité se déroule parfois une guéguerre entre les autorités chargées d'animer la structure et la tutelle ministérielle qui interfère dans le champ d'action qui n'est pas le sien en donnant des injonctions ou en prononçant l'annulation des décisions des directeurs généraux.

1-De la tutelle ministérielle

Les attributions de la tutelle sont le plus souvent définies par la loi qui crée l'établissement public ou les statuts qui régissent l'organisation et le fonctionnement de l'établissement public.

La tutelle exerce un droit de regard direct sur l'établissement. Le premier ministre et le ministre de tutelle nomment directement aux postes importants (directeur, chef de service…), et exerce le cas échéant le contrôle administratif.

2-Du pouvoir des directeurs généraux des établissements publics

Les directeurs généraux des établissements publics tirent leur pouvoir des lois et des statuts qui créent et organisent l'établissement et de l'article 3 du Code du travail de la République du Congo qui leur confère la qualité d'employeur

Ainsi, ils exercent le pouvoir de direction, le pouvoir réglementaire (originaire ou dérivé), le pouvoir disciplinaire.

- Le pouvoir de direction permet à l'employeur d'assumer ses attributions de chef d'entreprise à travers les missions qui lui sont confiées par les textes qui régissent la structure. Le directeur général est le garant du bon fonctionnement de l'établissement public ;
- Le pouvoir réglementaire permet au chef d'entreprise de prendre les notes de service qui régissent la situation juridique des salariés.
  Ce pouvoir lui permet de nommer à certains postes d'emploi, de muter…

3-De l'annulation des actes par le ministre

Comme il a été indiqué supra, le fonctionnement et l'organisation d'un établissement public sont du domaine du directeur général.

En dépit du pouvoir de nomination à certains emplois et fonctions, la tutelle ne devrait exercer qu'un pouvoir de contrôle et d'orientation. Elle ne devrait pas s'immiscer dans la vie quotidienne de l'établissement pour imposer une conduite à tenir au chef d'entreprise qui en est le garant

Le fonctionnement régulier des activités dans les établissements publics, commanderait que le directeur général, par le biais des notes, informe la tutelle sur certains comportements des salariés censés compromettre l'équilibre et la bonne marche du service public. A cet égard, le ministre ne saurait remettre en cause les décisions conservatoires prises par un directeur général, en vue d'assurer la viabilité et la stabilité de la structure.

En vertu de son pouvoir de nomination à certains emplois, le ministre ne peut pas imposer à un directeur général de maintenir à leurs postes des travailleurs qui perturbent le déroulement du travail et la sérénité au sein de l'établissement. Il n'a pas le pouvoir de se prononcer sur les mutations des salariés au sens de l'article 2 du Code du travail, ni d'annuler les nominations provisoires aux postes qui ne peuvent rester vacants dont les titulaires ont brillé par quelques turpitudes, dans la mesure où il revient au chef d'entreprise seul d'apprécier la conduite des salariés dans la structure.

Table des matières

Structures éditoriales du groupe L'Harmattan

L'Harmattan Italie
Via degli Artisti, 15
10124 Torino
harmattan.italia@gmail.com

L'Harmattan Hongrie
Kossuth l. u. 14-16.
1053 Budapest
harmattan@harmattan.hu

L'Harmattan Sénégal
10 VDN SICAP AMITIE 3
BP 45034 Dakar-Fann
direction@senharmattan.com

L'Harmattan Cameroun
Tsinga/Derrière polyclinique FECAFOOT
BP 11486 Yaoundé
Jacques.koukam@harmattan.fr

L'Harmattan Burkina Faso
Villa 281, secteur 23 623, rue 14.32
Ouagadougou
zagbie@outlook.fr

L'Harmattan Guinée
Almamya, rue KA 028 OKB Agency
BP 3470 Conakry
harmattanguinee@yahoo.fr

L'Harmattan RDC
185, avenue Nyangwe
Commune de Lingwala – Kinshasa
matangilamusadila@yahoo.fr

L'Harmattan Congo
219, avenue Nelson Mandela
BP 2874 Brazzaville
deunovmikhael@gmail.com

L'Harmattan Mali
Immeuble Mgr Jean Marie Cissé
Aci Hamadallaye
BP 145 Bamako
syllaka@yahoo.fr

L'Harmattan Togo
Djidjole – Maison Amela
face EPP BATOME
02 BP 20680 Lomé
didieramela11@gmail.com

L'Harmattan Côte d'Ivoire
Résidence Karl – Cité des Arts
Abidjan-Cocody
03 BP 1588 Abidjan
harmattan.ivoire@gmail.com

L'Harmattan Bénin
Rue 604, (Immeuble à l'entrée
de la rue UCAO- Cite de Saint-Jean)
Cotonou
stepcorpus@gmail.com

Nos librairies en France

Librairie internationale
16, rue des Écoles
75005 Paris
librairie.internationale@harmattan.fr
01 40 46 79 11
www.librairieharmattan.com

Librairie des savoirs
21, rue des Écoles
75005 Paris
librairie.sh@harmattan.fr
01 46 34 13 71
www.librairieharmattansh.com

www.ingramcontent.com/pod-product-compliance
Lightning Source LLC
LaVergne TN
LVHW051356061026
849535LV00009B/3218